AF220410

Impressum
Verlag: BABADADA GmbH, Nedderfeld 112 , 22529 Hamburg
Geschäftsführer / Verlagsleitung: Harald Hof
Druck: Books on Demand GmbH, In de Tarpen 42, 22848 Norderstedt

Imprint
Publisher: BABADADA GmbH, Nedderfeld 112 , 22529 Hamburg, Germany
Managing Director / Publishing direction: Harald Hof
Print: Books on Demand GmbH, In de Tarpen 42, 22848 Norderstedt, Germany

المدرسة

škola

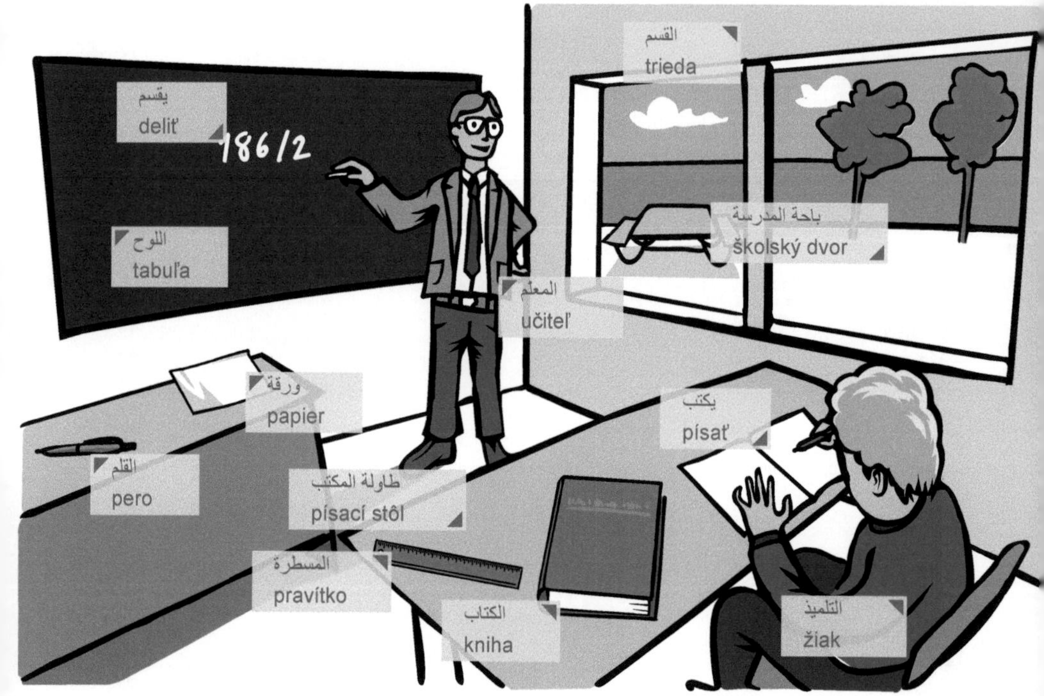

القسم
trieda
يقسم
deliť
186/2
اللوح
tabuľa
باحة المدرسة
školský dvor
المعلّم
učiteľ
ورقة
papier
يكتب
písať
القلم
pero
طاولة المكتب
písací stôl
المسطرة
pravítko
الكتاب
kniha
التلميذ
žiak

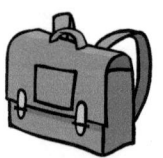

الحقيبة المدرسية

školská taška

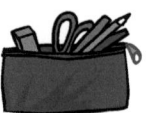

المقلمة

peračník

قلم الرصاص

ceruza

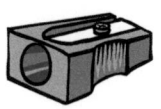

البرّاية

strúhadlo na ceruzky

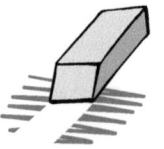

المِمحاة

guma

دفتر الرسم

skicár

الرسمة

kresba

الفرشاة

štetec

علبة التلوين

vodové farby

المقص

nožnice

المادة اللاصقة

lepidlo

دفتر التمارين

cvičný zošit

الواجب المدرسي

domáca úloha

الرقم

číslo

يجمع

sčítať

يطرح

odčítať

يضرب

násobiť

يحسب

počítať

الحرف

písmeno

الأبجدية

abeceda

كلمة

slovo

النص
text

يقرأ
čítať

الطبشور
krieda

الحصة
hodina

دفتر الدوام المدرسي
triedna kniha

الامتحان
skúška

شهادة
certifikát

اللباس المدرسي
školská uniforma

التعليم
vzdelanie

الموسوعة
encyklopédia

الجامعة
univerzita

المجهر
mikroskop

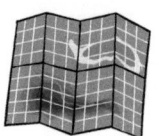

الخريطة
mapa

قماما
kôš na papier

سفر

cesta

فندق
hotel
Grand
بيت الشباب
nocľaháreň
ROOMS
مكتب صرافة
zmenáreň
حقيبة
kufor
سيارة
auto

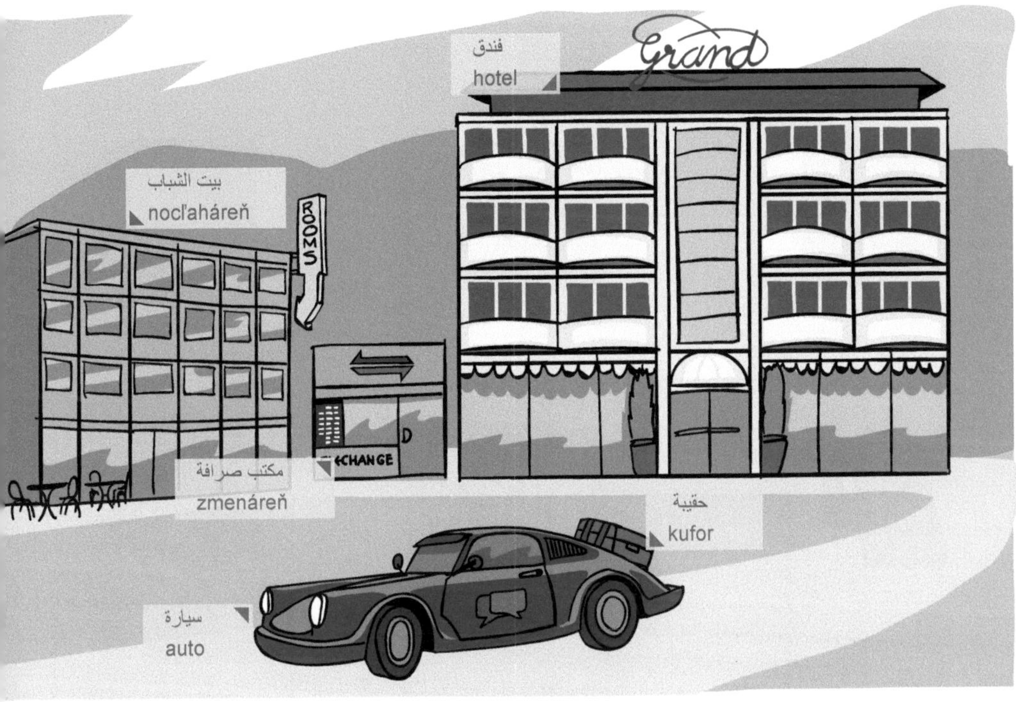

اللغة

jazyk

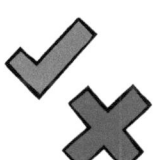

نعم / لا

áno/nie

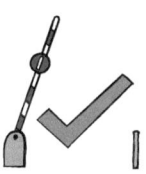

حسناً

v poriadku

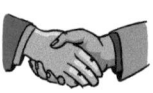

مرحباً

ahoj

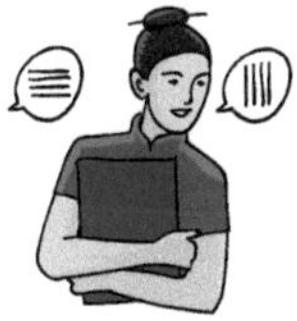

مترجم

prekladateľ

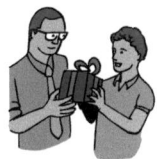

شكراً

ďakujem

كم ثمن ... ؟

Koľko stojí ... ?

لا أفهم

Nerozumiem

مشكلة

problém

مساء الخير

Dobrý večer!

صباح الخير!

Dobré ráno!

ليلة سعيدة

Dobrú noc!

إلى اللقاء

Dovidenia

اتجاه

smer

أمتعة السفر

batožina

حقيبة

taška

حقيبة ظهر

batoh

ضيف

hosť

غرفة

izba

كيس للنوم

spacák

خيمة

stan

استعلامات سياحية

informácie pre turistov

شاطئ

pláž

بطاقة انتمان

kreditná karta

إفطار

raňajky

طعام الغداء

obed

العشاء

večera

بطاقة سفر

cestovný lístok

مصعد

výťah

طابع بريدي

poštová známka

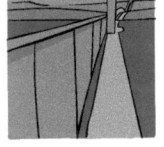

حدود

hranica

الجمارك

clo

سفارة

veľvyslanectvo

تأشيرة

vízum

جواز سفر

cestovný pas

نقل

doprava

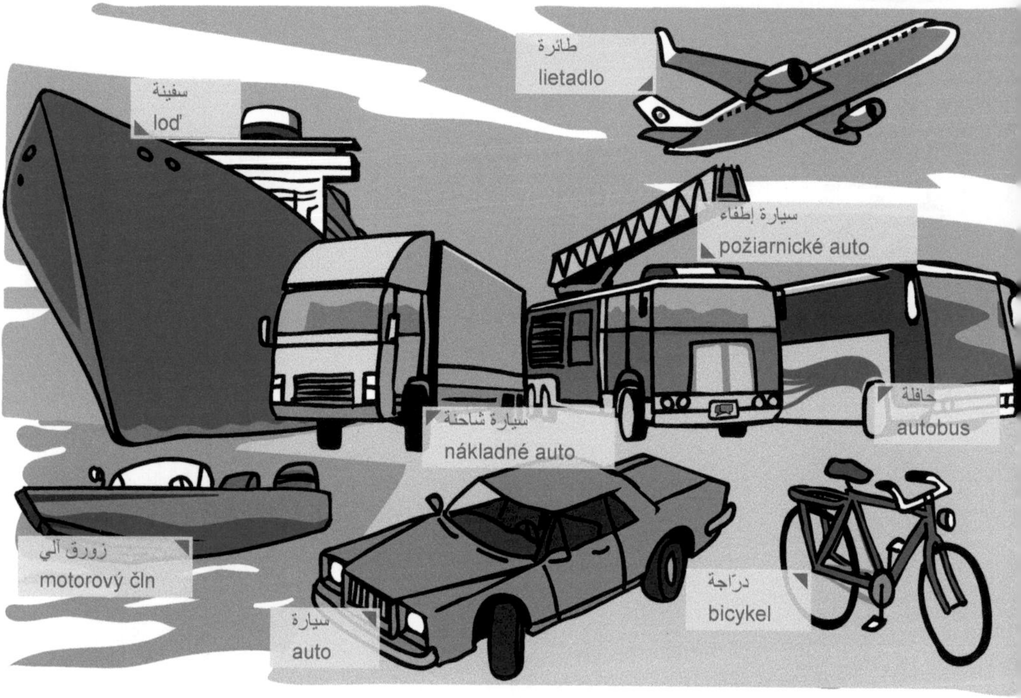

طائرة
lietadlo
سفينة
loď
سيارة إطفاء
požiarnické auto
سيارة شاحنة
nákladné auto
حافلة
autobus
زورق آلي
motorový čln
درّاجة
bicykel
سيارة
auto

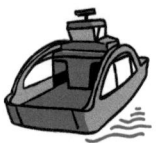

عبارة

trajekt

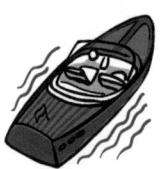

قارب

loď

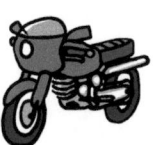

دراجة نارية

motorka

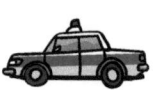

سيارة شرطة

policajné auto

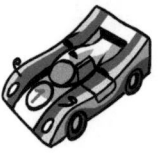

سيارة سباق

pretekárske auto

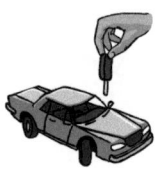

سيارة مستأجرة

vozidlo z požičovne

أسلوب تشاركي في استئجار السيارات

carsharing

سيارة للجر

odťahové auto

سيارة نقل القمامة

smetiarske auto

محرك

motor

وقود

benzín

محطة وقود

čerpacia stanica

إشارة مرور

dopravná značka

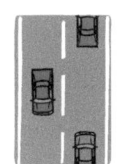

حركة السير

premávka

ازدحام سير

zápcha

موقف سيارات

parkovisko

محطة قطار

vlaková stanica

سكك حديدية

trate

قطار

vlak

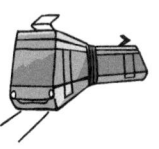

ترام

električka

عربة قطار

vagón

طائرة مروحية

helikoptéra

مطار

letisko

برج

veža

مسافر

pasažier

حاوية

kontajner

علبة كرتون

kartón

عربة يد

vozík

سلة

kôš

يقلع / يهبط

štartovať / pristáť

mesto

قرية

dedina

مركز المدينة

centrum mesta

بيت

dom

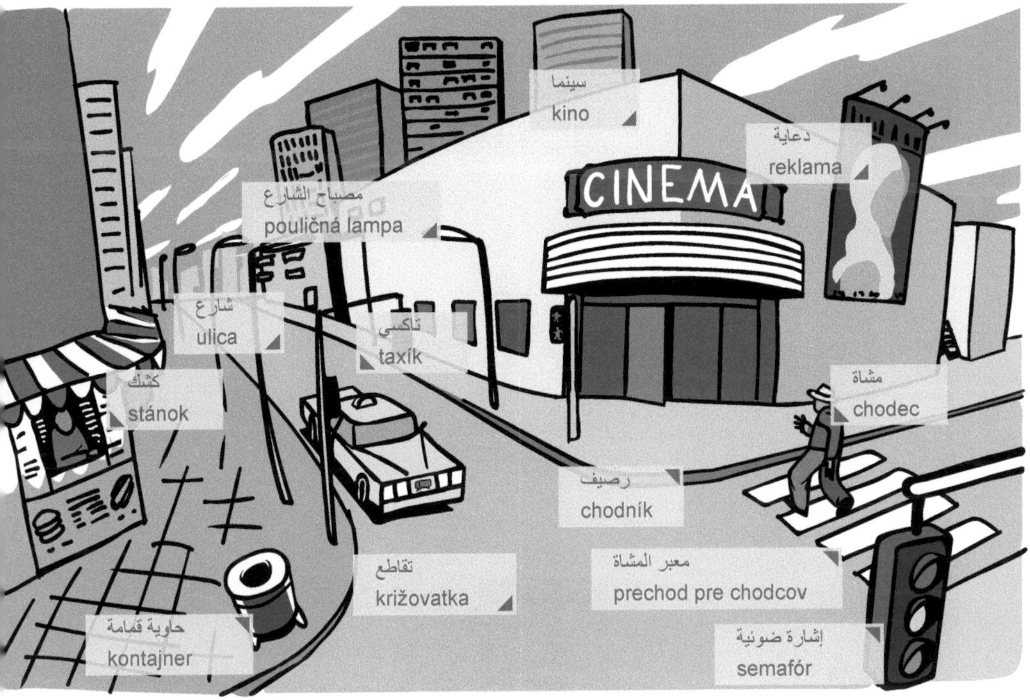

سينما
kino

دعاية
reklama

مصباح الشارع
pouličná lampa

شارع
ulica

تاكسي
taxík

كشك
stánok

CINEMA

مشاة
chodec

رصيف
chodník

تقاطع
križovatka

معبر المشاة
prechod pre chodcov

حاوية قمامة
kontajner

إشارة ضوئية
semafór

كوخ
chata

شقة
byt

محطة قطار
vlaková stanica

دار البلدية
radnica

متحف
múzeum

المدرسة
škola

الجامعة

univerzita

مصرف

banka

المستشفى

nemocnica

فندق

hotel

صيدلية

lekáreň

مكتب

kancelária

مكتبة

kníhkupectvo

متجر

obchod

محل لبيع الزهور

kvetinárstvo

سوبرماركت

supermarket

سوق

trh

متجر كبير

obchodný dom

تاجر السمك

obchodník s rybami

مركز تسوّق

nákupné stredisko

ميناء

prístav

حديقة عامة

park

مقعد

lavička

جسر

most

درج، سلم

schody

مترو

metro

نفق

tunel

موقف حافلات

autobusová zastávka

بار

bar

مطعم

reštaurácia

صندوق البريد

poštová schránka

لافتة باسم الشارع

tabuľa s názvom ulice

مقياس زمن الوقوف

parkovacie hodiny

حديقة حيوانات

ZOO

مسبح

plaváreň

مسجد

mešita

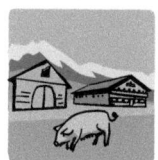

مزرعة

farma

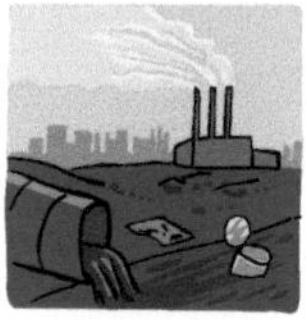

تلوث البيئة

znečisťovanie životného prostredia

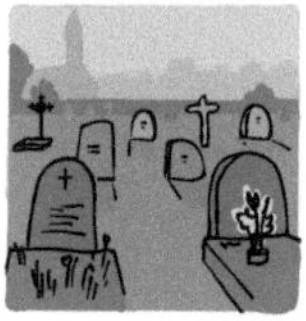

مقبرة

cintorín

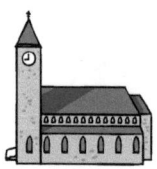

كنيسة

kostol

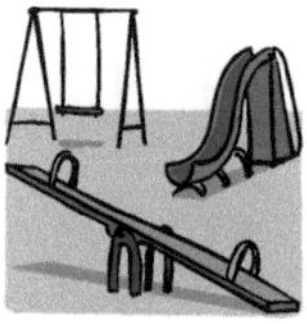

ملعب الأطفال

ihrisko

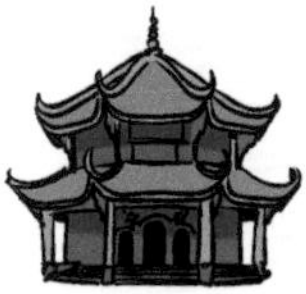

معبد

chrám

طبيعة ريفية

terén

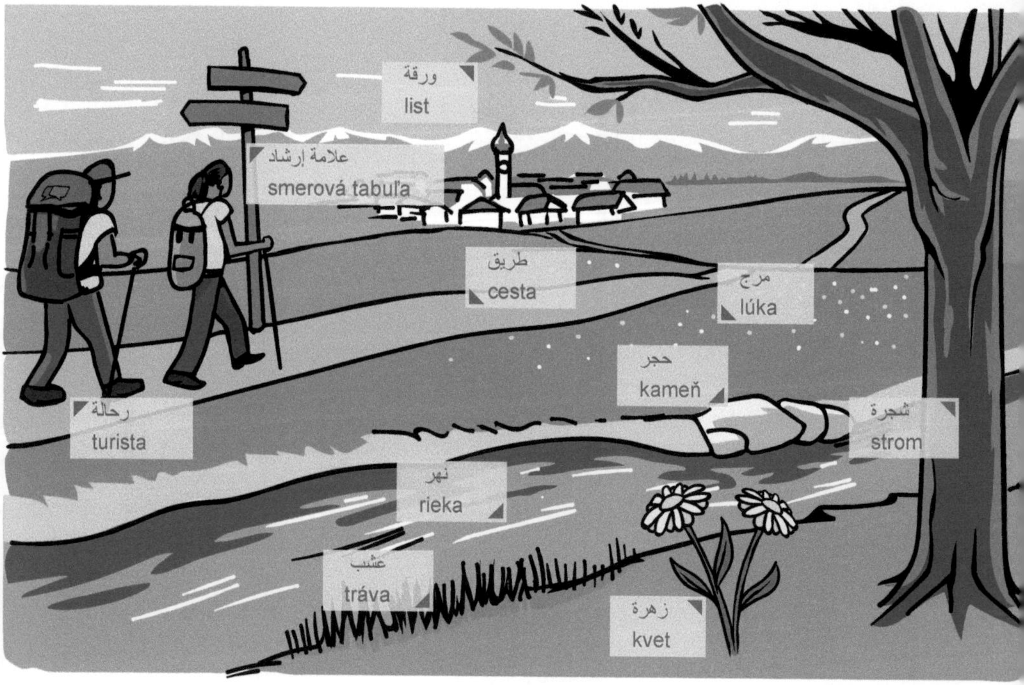

ورقة
list
علامة إرشاد
smerová tabuľa
طريق
cesta
مرج
lúka
حجر
kameň
رحالة
turista
شجرة
strom
نهر
rieka
عشب
tráva
زهرة
kvet

وادٍ

dolina

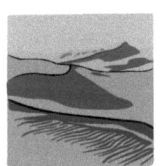

جبل

kopec

بحيرة

jazero

غابة

les

صحراء

púšť

بركان

vulkán

قلعة

zámok

قوس قزح

dúha

فِطر

hríb

نخلة

palma

بعوض

komár

ذبّانة

mucha

نملة

mravec

نحلة

včela

عنكبوت

pavúk

خنفساء

chrobák

ضفدعة

žaba

سنجاب

veverička

قنفذ

jež

أرنب

zajac

بومة

sova

عصفور

vták

بجعة

labuť

خنزير برّي

diviak

غزال

jeleň

إلكة

los

سد

hrádza

دولاب الطاحونة الهوائية

veterná turbína

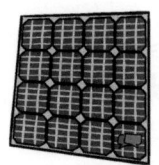

خلية شمسية

solárny panel

مناخ

podnebie

مطعم
reštaurácia

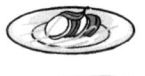

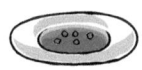

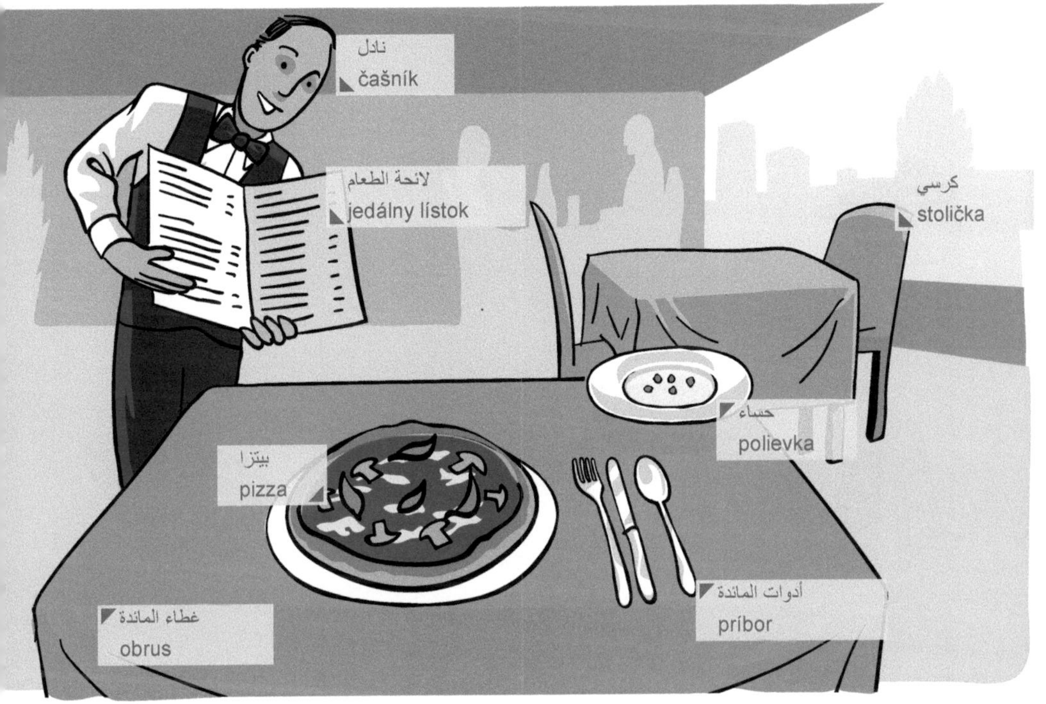

نادل
čašník
لائحة الطعام
jedálny lístok
كرسي
stolička
حساء
polievka
بيتزا
pizza
أدوات المائدة
príbor
غطاء المائدة
obrus

مقبلات
predjedlo

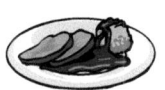

الصحن الرئيسي
hlavné jedlo

حلوى أو فاكهة بعد الطعام
zákusok

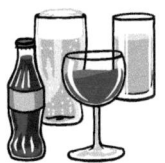

مشروبات
nápoje

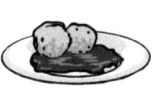

طعام
jedlo

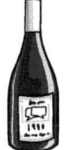

زجاجة
fľaša

وجبات سريعة

fast-food

طعام الشارع

street food

إبريق الشاي

kanvica na čaj

علبة السكر

cukornička

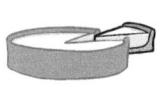

حصّة

porcia

آلة الإسبريسو

stroj na espresso

كرسي عالٍ

detská stolička

فاتورة

účet

صينية

podnos

سكين

nôž

شوكة

vidlička

ملعقة

lyžica

ملعقة الشاي

čajová lyžička

منديل المائدة

obrúsok

كأس

pohár

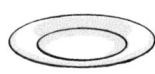

صحن

tanier

صحن الحساء

hlboký tanier

صحن الفنجان

podšálka

صلصة

omáčka

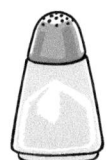

مملحة

soľnička

مطحنة الفلفل

mlynček na korenie

خلّ

ocot

زيت الطعام

olej

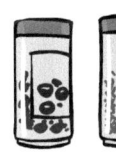

توابل

korenie

كتشاب

kečup

خردل

horčica

مايونيز

majonéza

سوبرماركت

supermarket

عرض خاص
špeciálna ponuka
FOR
زبون
klient
مشتقات الحليب
mliečne výrobky
فواكه
ovocie
عربة تسوّق
nákupný vozík

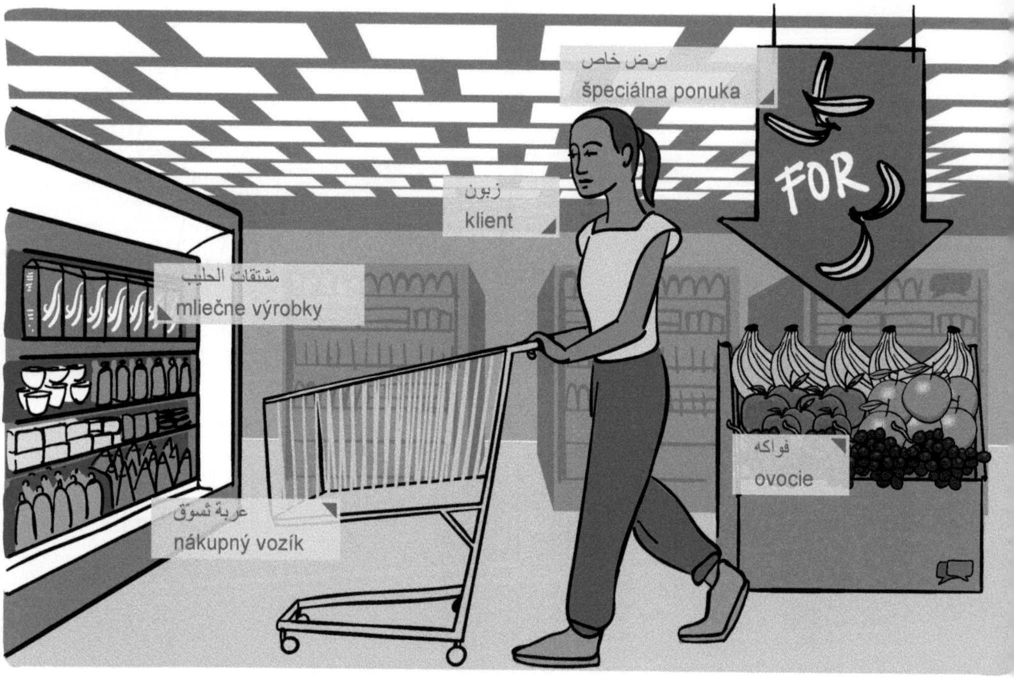

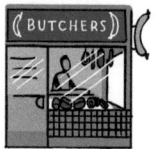

BUTCHERS

جزّار
....
mäsiarstvo

BAKERY

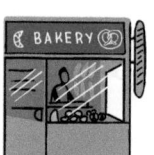

مخبز
....
pekáreň

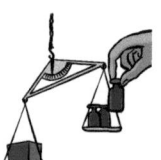

يزن
....
vážiť

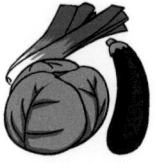

خضار
....
zelenina

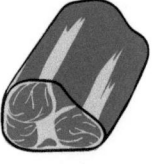

لحم
....
mäso

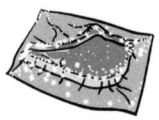

المأكولات المجمّدة
....
mrazené potraviny

مرتدلا أو جبن

nárez

معلّبات

konzervy

مسحوق الغسيل

prací prostriedok

حلويات

sladkosti

المواد المنزلية

domáce potreby

منظّفات

čistiace prostriedky

بائعة

predavačka

صندوق الحساب

pokladňa

أمين صندوق

pokladník

قائمة المشتريات

nákupný zoznam

أوقات العمل

otváracie hodiny

محفظة النقود

peňaženka

بطاقة ائتمان

kreditná karta

حقيبة

taška

كيس بلاستيكي

plastové vrecko

ماء

voda

عصير

džús

حليب

mlieko

كولا

kola

نبيذ

víno

بيرة

pivo

كحول

alkohol

كاكاو

kakao

شاي

čaj

قهوة

káva

قهوة إسبريسو

espresso

كابوتشينو

kapučíno

موزة

banán

تفاح

jablko

برتقال

pomaranč

بطيخ

melón

ليمون

citrón

جزرة

mrkva

ثوم

cesnak

خيزران

bambus

بصل

cibuľa

فطر

hríb

لوزيات

orechy

شعيرية

rezance

سباغيتي

špagety

أرزّ

ryža

سلطة

šalát

بطاطا مقلية

hranolky

بطاطا مقلية

pečené zemiaky

بيتزا

pizza

هامبورغر

hamburger

ساندويش

obložený chlebík

شريحة لحم مقلية

rezeň

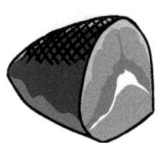

لحم خنزير

šunka

سلامي

saláma

سجق

klobása

دجاج

kurča

لحم محمر

pečené mäso

سمك

ryba

طعام - jedlo

دقيق الشوفان

ovsené vločky

موسلي

müsli

كورن فلكس

kukuričné lupienky

طحين

múka

كرواسان

croissant

خبز صغير

pečivo

خبز

chlieb

خبز محمص

hrianka

بسكويت

sušienky

زبدة

maslo

لبن زبادي

tvaroh

كعكة

koláč

بيضة

vajce

بيض مقلي

volské oko

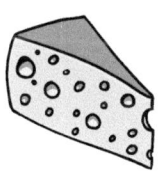

جبنة

syr

مثلجات

zmrzlina

سكر

cukor

عسل

med

مربّى الفاكهة

lekvár

كريم النوغا

nugátová nátierka

الكاري

karí korenie

مزرعة

farma

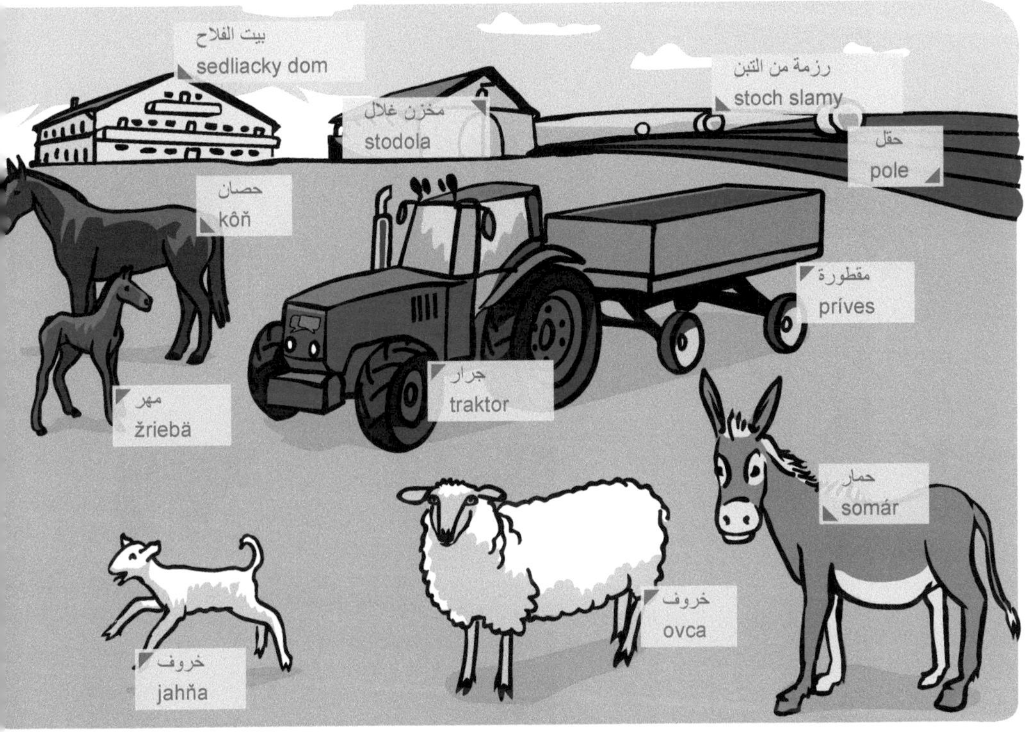

بيت الفلاح
sedliacky dom
مخزن غلال
stodola
رزمة من التبن
stoch slamy
حقل
pole
حصان
kôň
مقطورة
príves
جرار
traktor
مهر
žriebä
حمار
somár
خروف
ovca
خروف
jahňa

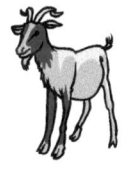

ماعز
koza

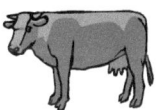

بقرة
krava

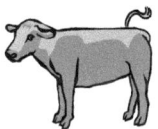

عجل
teľa

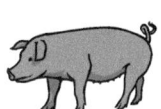

خنزير
prasa

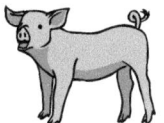

خنزير صغير
prasiatko

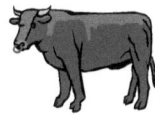

ثور
býk

إوزّة

hus

بطة

kačica

صوص

kuriatko

دجاجة

sliepka

ديك

kohút

جرذ

potkan

قطّة

mačka

فأر

myš

ثور

vôl

كلب

pes

كوخ الكلب

psia búda

خرطوم الحديقة

záhradná hadica

إبريق

krhla

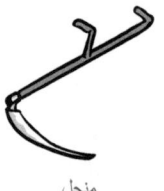

منجل

kosa

المحراث

pluh

منجل

kosák

معزقة

motyka

مذراة الزبل

vidly na hnoj

بلطة

sekera

عربة يد

fúrik

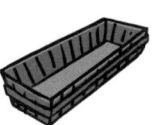

معلف

koryto

صفيحة الحليب

kanva na mlieko

كيس

vrece

سياج

plot

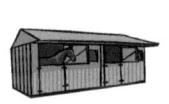

اصطبل

maštaľ

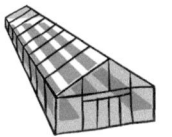

دفيئة

skleník

تربة

pôda

بذور

osivo

سماد

hnojivo

حصّادة درّاسة

kombajn

يحصد
....
žať

محصول
....
žatva

بطاطا يامس
....
batát

قمح
....
pšenica

صويا
....
sója

بطاطا
....
zemiak

ذرة
....
kukurica

سلجم
....
repka

شجرة فاكهة
....
ovocný strom

نبات منيهوت
....
maniok

الحبوب
....
obilie

بيت
dom

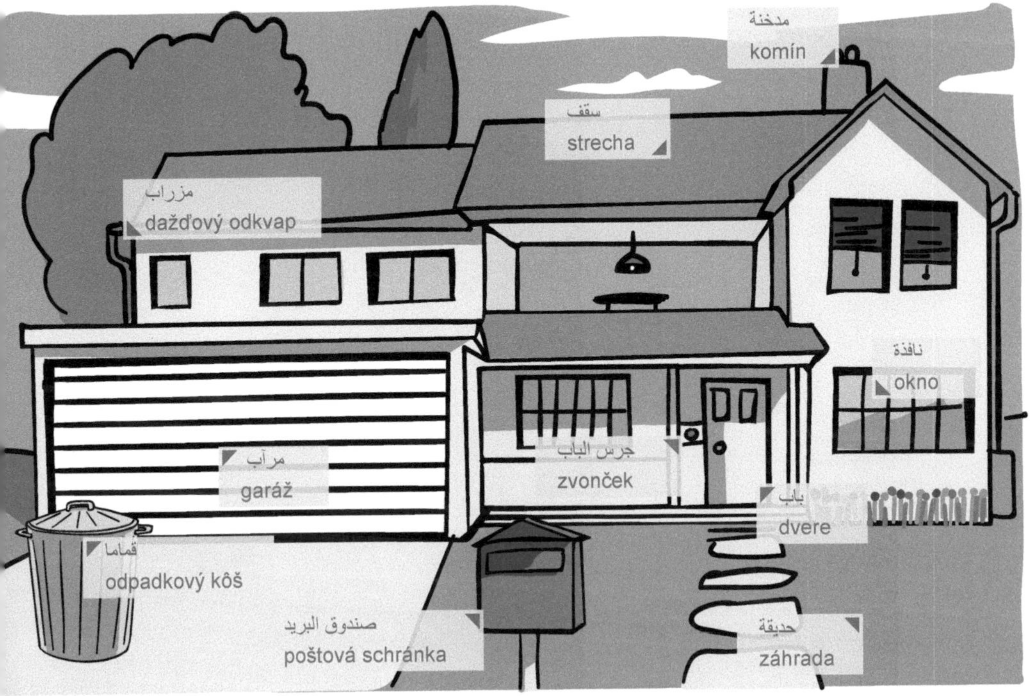

مدخنة
komín
سقف
strecha
مزراب
dažďový odkvap
نافذة
okno
جرس الباب
zvonček
مرآب
garáž
باب
dvere
قمامة
odpadkový kôš
صندوق البريد
poštová schránka
حديقة
záhrada

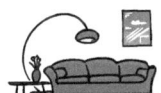

غرفة جلوس

obývačka

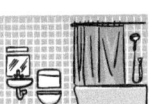

الحمّام

kúpeľňa

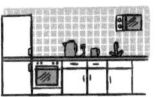

مطبخ

kuchyňa

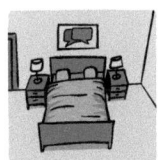

غرفة النوم

spálňa

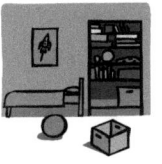

غرفة الأطفال

detská izba

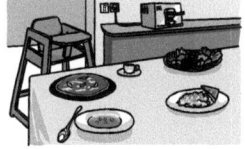

غرفة الطعام

jedáleň

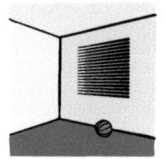

أرضية

podlaha

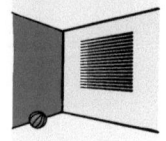

حائط

stena

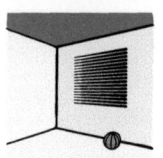

سقف

strop

قبو

pivnica

ساونا

sauna

بلكون

balkón

شرفة

terasa

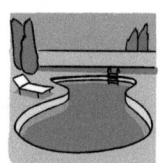

مسبح

bazén

جزّازة العشب

kosačka

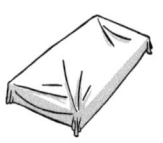

بياضات السرير

obliečka

بطانية

posteľná prikrývka

سرير

posteľ

مكنسة

metla

سطل

vedro

مفتاح كهربائي

vypínač

غرفة جلوس
obývačka

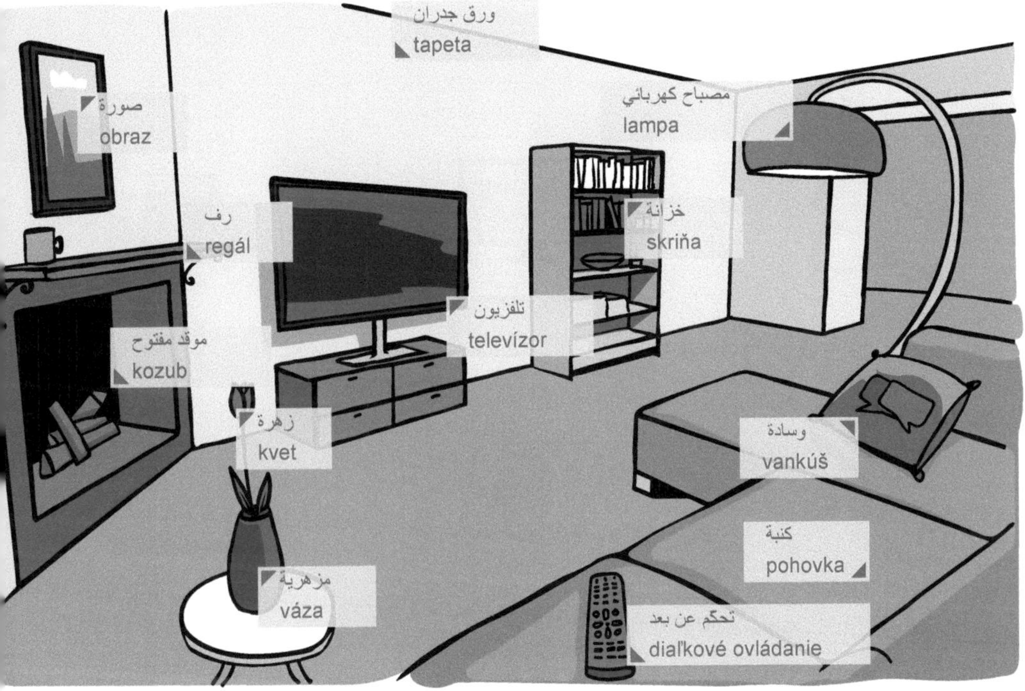

ورق جدران
tapeta
صورة
obraz
مصباح كهربائي
lampa
رف
regál
خزانة
skriňa
تلفزيون
televízor
موقد مفتوح
kozub
زهرة
kvet
وسادة
vankúš
كنبة
pohovka
مزهرية
váza
تحكم عن بعد
diaľkové ovládanie

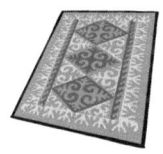

بصاط
koberec

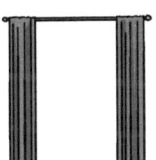

ستارة
záclona

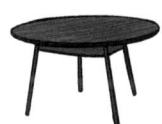

طاولة
stôl

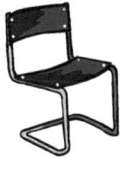

كرسي
stolička

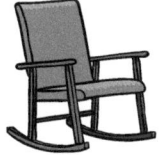

كرسي هزّاز
hojdacie kreslo

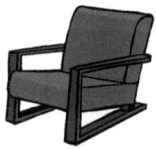

كرسي ذو ذراعين
kreslo

الكتاب

kniha

بطانية

prikrývka

زخرفة

dekorácia

الحطب

drevo na kúrenie

فيلم

film

تجهيزات ستيريو

hi-fi veža

مفتاح

kľúč

جريدة

noviny

لوحة مرسومة

maľba

مُلصق

plagát

راديو

rádio

دفتر ملاحظات

zápisník

المكنسة الكهربائية

vysávač

صبّار

kaktus

شمعة

sviečka

مطبخ
kuchyňa

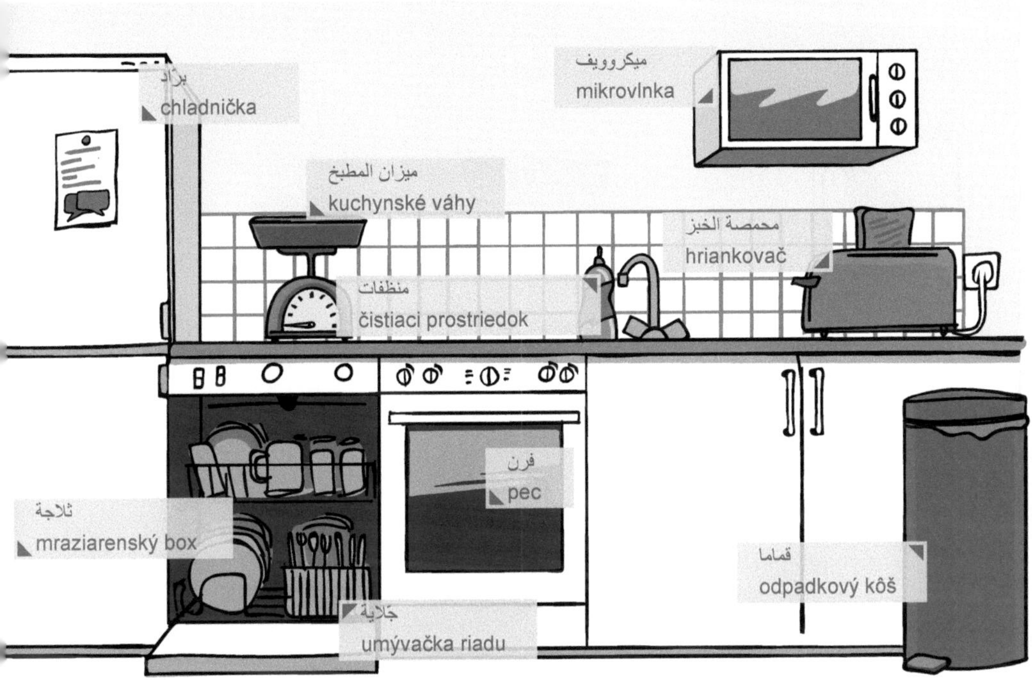

برّاد
chladnička
ميكروويف
mikrovlnka
ميزان المطبخ
kuchynské váhy
محمصة الخبز
hriankovač
منظفات
čistiaci prostriedok
فرن
pec
ثلاجة
mraziarenský box
قماما
odpadkový kôš
جلاية
umývačka riadu

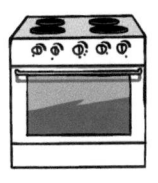

موقد
sporák

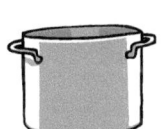

قِدر
hrniec

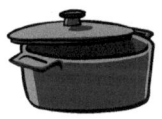

وعاء من الحديد
železný hrniec

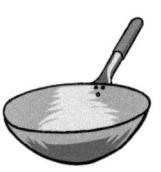

قدر صيني
wok / kadai

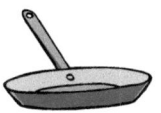

مقلاة
panvica

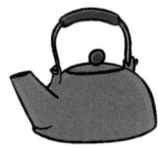

غلاية
rýchlovarná kanvica

قدر البخار

parný hrniec

صينية

plech na pečenie

أواني

riad

فنجان

pohár

صحن

misa

عيدان الأكل

paličky

مغرفة

naberačka na polievku

ملعقة منبسطة

stierka

خفاقة

metlička

مصفاة

cedidlo

مصفاة

sitko

مِبشَرة

strúhadlo

هاون

mažiar

شواء

gril

موقد

ohnisko

لوح التقطيع

doska na krájanie

نشّابة

valček na cesto

مفتاح الزجاجات

vývrtka

علبة

konzerva

مفتاح العلب المعدنية

otvárač na konzervy

قماش الفرن

chňapka

مجلى

výlevka

فرشاة

kefa

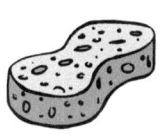

إسفنج

hubka

خلاط

mixér

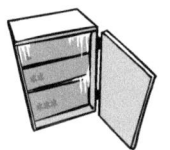

مجمّدة

mraznička

زجاجة الطفل

kojenecká fľaša

صنبور الماء

vodovodný kohútik

kúpeľňa

دوش
sprcha

تدفئة
kúrenie

منشفة
uterák

ستارة الدوش
sprchový záves

حمّام رغوة
pena do kúpeľa

حوض الحمّام
vaňa

كأس
pohár

غسّالة
práčka

بلاط
dlaždice

صنبور الماء
vodovodný kohútik

قفازات مطاطية
nočník

مجلى
výlevka

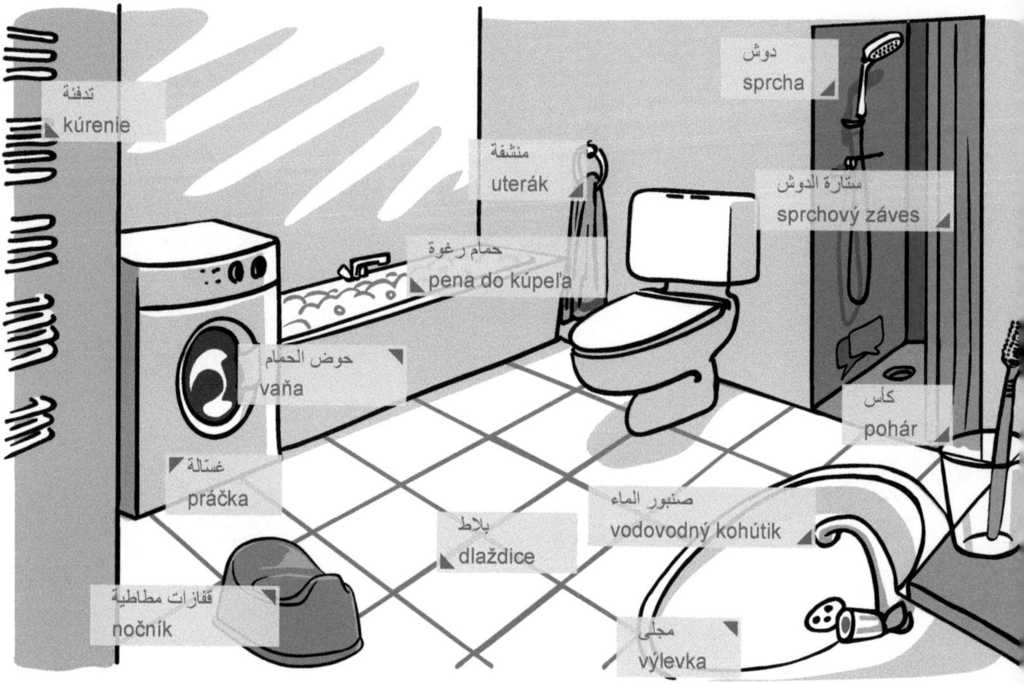

حمام
záchod

مرحاض القرفصاء
suchý záchod

حوض التشطيف
bidet

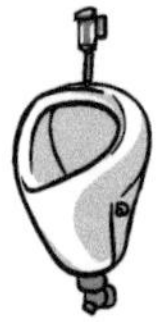

مبولة
pisoár

ورق المرحاض
toaletný papier

فرشاة الحمام
záchodová kefa

فرشاة الأسنان

zubná kefka

معجون الأسنان

zubná pasta

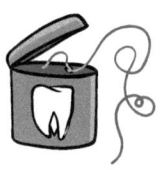

خيط حرير لتنظيف الأسنان

dentálna niť

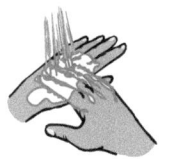

يغسل

umývať

رشاش ماء يدوي

ručná sprcha

شطاف

sprcha pre intímnu hygienu

حوض الغسيل

umývadlo

فرشاة الظهر

kefa na chrbát

صابون

mydlo

جيل الدوش

sprchový gél

شامبو

šampón

ممسحة

frotírová rukavica

مصرف للماء

odtok

مرهم

krém

مزيل الروائح

dezodorant

مرآة

zrkadlo

مرآة يد

kozmetické zrkadlo

موس حلاقة

žiletka

رغوة الحلاقة

pena na holenie

كولونيا

voda po holení

مشط

hrebeň

فرشاة

kefa

سشوار

sušič vlasov

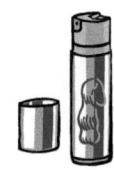

مثبت للشعر

sprej na vlasy

ماكياج

make-up

روج

rúž

طلاء أظافر

lak na nechty

قطن

vata

مقص أظافر

nožnice na nechty

عطر

parfum

سلة الغسيل

kozmetická taška

مقعد صغير

stolček

ميزان

váha

معطف الحمام

kúpací plášť

قفازات مطاطية

gumové rukavice

سدادة قطنية

tampón

منشفة صحية

menštruačná vložka

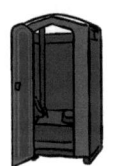

تواليت كيميائية

chemické WC

غرفة الأطفال
detská izba

منبه
budík
الحيوانات المحنطة
plyšová hračka
سيارة لعبة
hračkárske auto
خشخشة
hrkálka
بيت الدمى
domček pre bábiky
هدية
dar

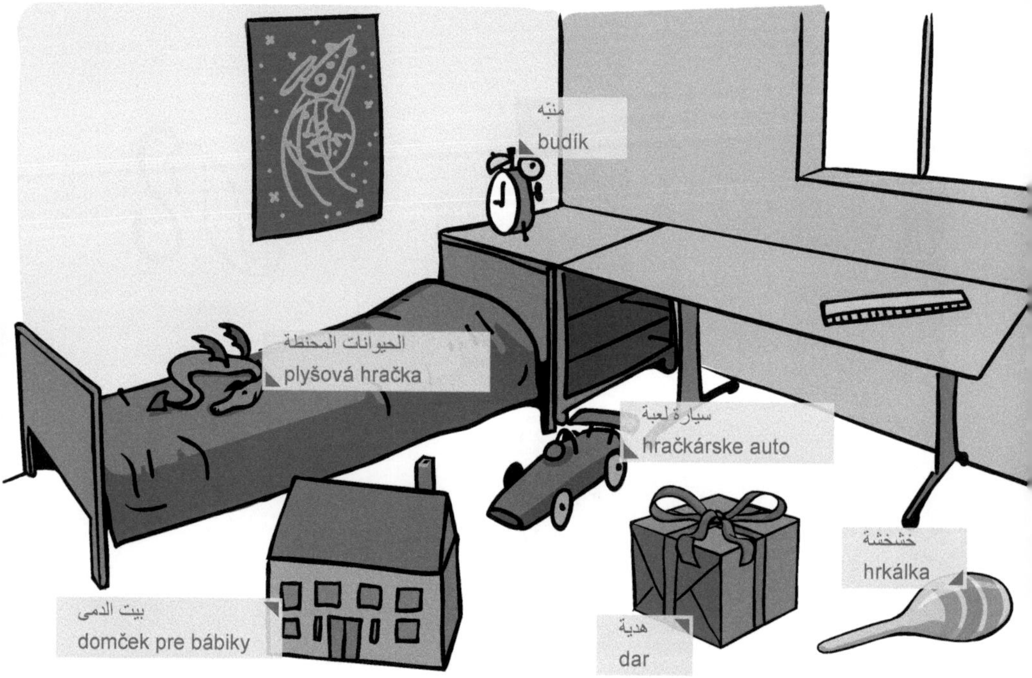

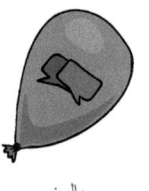

بالون

balón

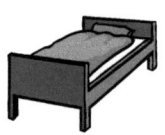

سرير

posteľ

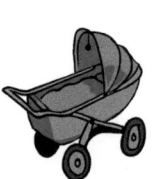

عربة الأطفال

detský kočík

لعبة الورق

karty

أحجية

puzzle

SUPER MEGA

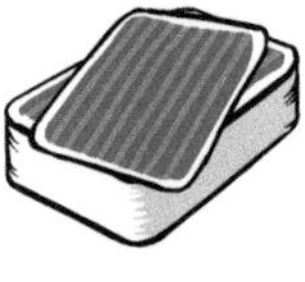

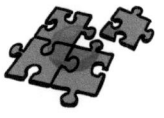

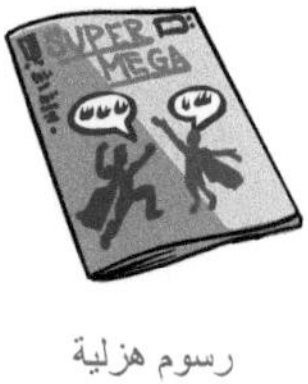

رسوم هزلية

komix

أحجار الليغو

skladačka lego

حجارة تركيب

stavebnica

دمية بطل

akčná postavička

لباس الطفل

dupačky

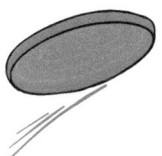

فريسبي

lietajúci tanier

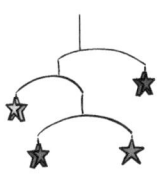

دمية معلّقة

závesné hračky

لعبة الطاولة

stolová hra

لعبة النرد

kocka

لعبة قطار

modelový vláčik

مصّاصة

cumlík

حفلة

párty

كتاب مصوّر

obrázková kniha

كرة

lopta

دمية

bábika

يلعب

hrať sa

ملعب رملي للأطفال

pieskovisko

أرجوحة

hojdačka

لعبة

hračky

ألعاب فيديو

hracia konzola

دراجة ثلاثية

trojkolka

دمية على شكل الدب

medvedík

خزانة الثياب

šatník

šatstvo

جوارب قصيرة

ponožky

جوارب طويلة

pančuchy

جورب بنطلون

pančuchové nohavičky

شال
šál

شمسية
dáždnik

تي شيرت
tričko

حزام
opasok

حذاء شتوي
čižmy

شبشب
papuče

أحذية رياضية
tenisky

صندل
....
sandále

حذاء
....
topánky

جزمة كاوتشوك
....
gumáky

سروال داخلي
....
spodky

صدّارة
....
podprsenka

قميص داخلي
....
tielko

لباس ملاصق للجسم

body

بنطلون

nohavice

جينز

džínsy

تنورة

sukňa

بلوزة

blúzka

قميص

košeľa

سترة قطنية

pulóver

كنزة كم طويل

sveter

سترة فضفاضة

blejzer

سترة

bunda

معطف

kabát

معطف مطري

pršiplášť

زي - طقم نسائي

kostým

ثوب

šaty

ثوب الزفاف

svadobné šaty

طقم

oblek

قميص نوم

nočná košeľa

بيجاما

pyžamo

ساري

sari

حجاب

šatka na hlavu

عمامة

turban

برقع

burka

قفطان

kaftan

عباءة

abaja

مايوه

dvojdielne plavky

سروال سباحة

plavky

شرت

šortky

بدلة رياضية

tepláková súprava

مئزر

zástera

قفازات

rukavice

زر
gombík

نظّارة
okuliare

إسوارة
náramok

عقد
retiazka

خاتم
prsteň

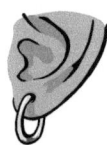

قرط
náušnica

طاقيّة
čiapka

علاقة ثياب
vešiak

قبّعة
klobúk

ربطة العنق
kravata

سحّاب
zips

خوذة
prilba

حمّالة البنطلون
traky

اللباس المدرسي
školská uniforma

زيّ موحّد
uniforma

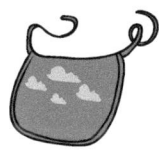

مريلة الأطفال

podbradník

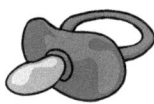

مصّاصة

cumlík

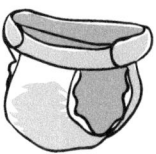

لفافة

plienka

مكتب

kancelária

المخدّم
server
خزانة الملفات
skriňa na spisy
طابعة
tlačiareň
ورقة
papier
شاشة
monitor
فارة
myš
طاولة المكتب
písací stôl
ملف
zakladač
لوحة المفاتيح
klávesnica
قماما
kôš na papier
حاسوب
počítač
كرسي
stolička

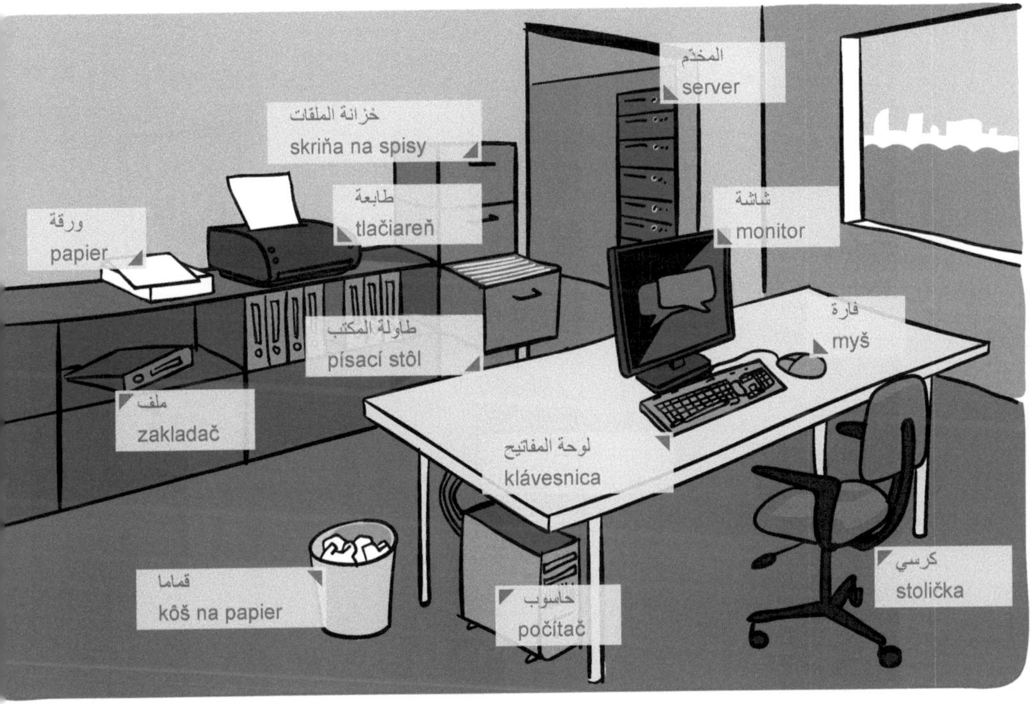

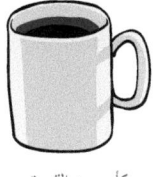

كأس من القهوة

hrnček na kávu

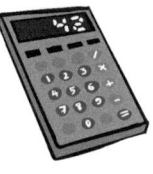

الآلة الحاسبة

kalkulačka

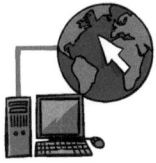

الإنترنت

internet

الحاسوب المحمول

laptop

رسالة

list

خبر

správa

الهاتف المحمول

mobil

شبكة

sieť

جهاز تصوير

kopírka

البرمجيات

softvér

هاتف

telefón

مقبس كهربائي

elektrická zásuvka

فاكس

fax

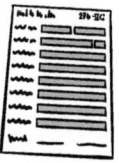

استمارة

formulár

وثيقة

doklad

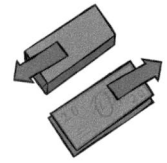

يشتري

kúpiť

يدفع

platiť

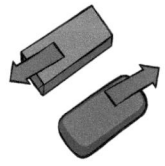

يتاجر

obchodovať

مال

peniaze

USD

دولار

dolár

EUR

يورو

euro

JPY

ين

jen

RUB

روبل

rubeľ

CHF

فرنك سويسري

švajčiarsky frank

CNY

يوان

čínsky jüan

INR

روبية

rupia

صرّاف آلي

bankomat

مكتب صرافة

zmenáreň

ذهب

zlato

فضة

striebro

نفط

ropa

طاقة

energia

سعر

cena

عقد

zmluva

ضريبة

daň

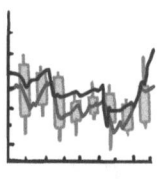

سهم

akcia

يعمل

pracovať

موظف

zamestnanec

رب العمل

zamestnávateľ

مصنع

továreň

متجر

obchod

المِهَن

povolania

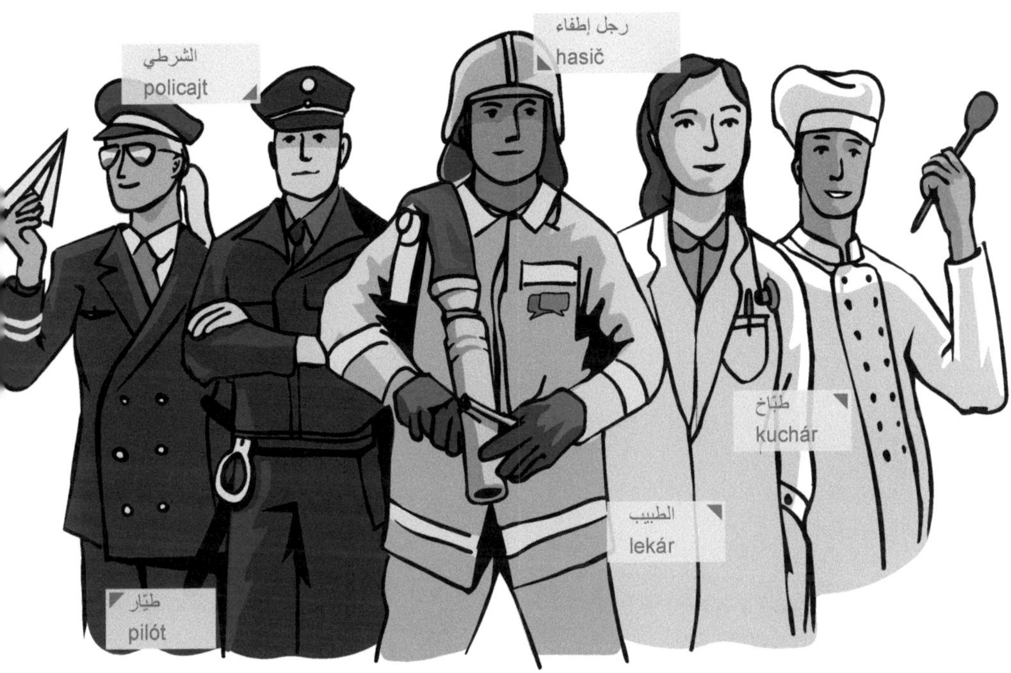
الشرطي
policajt
رجل إطفاء
hasič
طبّاخ
kuchár
الطبيب
lekár
طيّار
pilót

بستاني
záhradník

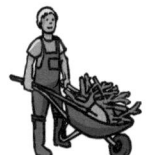

نجّار
stolár

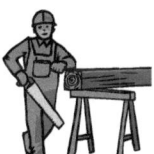

خيّاطة
krajčírka

قاض
sudca

كيميائي
chemik

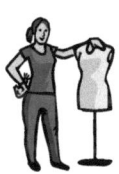

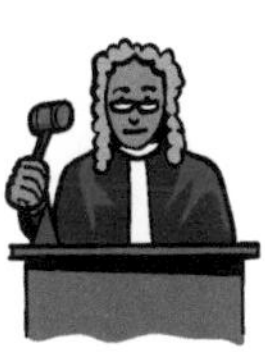

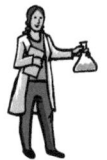

ممثّل
herec

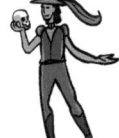

سائق حافلة

vodič autobusu

سائق تاكسي

taxikár

صياد سمك

rybár

أجيرة للتنظيف

upratovačka

بنّاء سقف

pokrývač

نادل

čašník

صيّاد

poľovník

رسّام

maliar

خبّاز

pekár

كهربائي

elektrikár

عامل بناء

stavebný robotník

مهندس

inžinier

لحّام

mäsiar

سمكري

klampiar

ساعي البريد

poštár

جندي

vojak

مهندس معماري

architekt

أمين صندوق

pokladník

بائع الزهور

kvetinár

حلاق

kaderník

مراقب القطار

sprievodca

ميكانيكي

mechanik

قبطان

kapitán

طبيب أسنان

zubár

رجل العلم

vedec

حاخام

rabín

إمام

imám

راهب

mních

كاهن

farár

عدة عمل

náradie

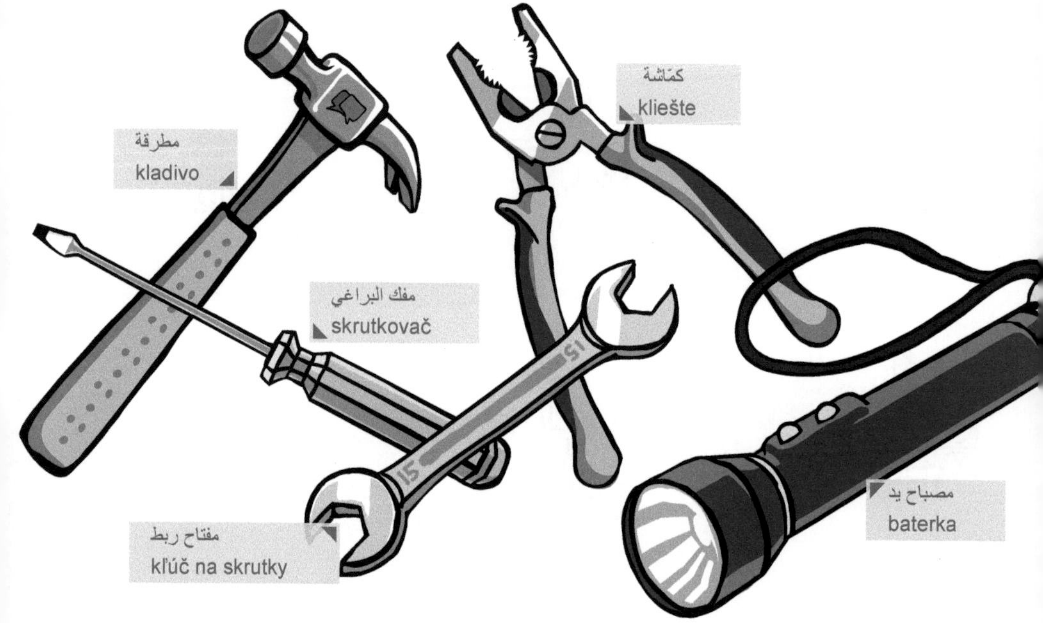

مطرقة
kladivo
كمّاشة
kliešte
مفك البراغي
skrutkovač
مفتاح ربط
kľúč na skrutky
مصباح يد
baterka

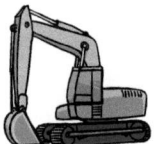

جرافة

bager

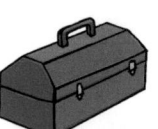

صندوق العدة

súprava náradia

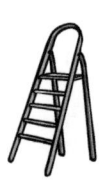

سلّم

rebrík

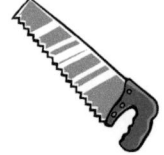

منشار

pílka

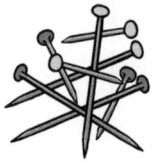

مسامير

klince

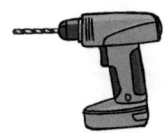

مثقب

vrták

يصلح

opraviť

مجرفة

lopata

اللعنة

Do čerta!

لقاطة الكناسة

lopatka na smeti

سطل الألوان

nádoba s farbou

براغي

skrutky

آلات موسيقية

hudobné nástroje

مكبر الصوت
reproduktor

آلات الإيقاع
bicie

كمان أجهر
kontrabas

بوق
trúbka

غيتار
gitara

بيانو

klavír

كمنجة

husle

جهير

basa

طبل كبير

tympany

طبل

bubon

بيانو كهرباني

klávesnica

ساكسوفون

saxofón

ناي

flauta

ميكروفون

mikrofón

حديقة حيوانات

ZOO

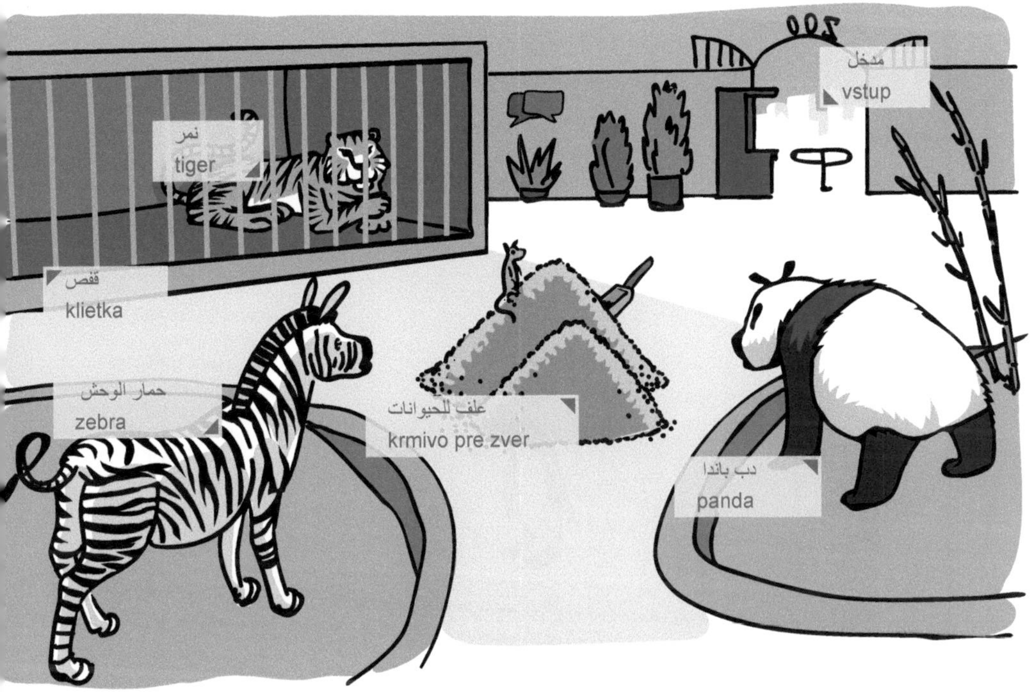
ZOO
مدخل
vstup
نمر
tiger
قفص
klietka
حمار الوحش
zebra
علف للحيوانات
krmivo pre zver
دب باندا
panda

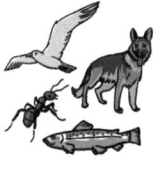

حيوانات

zvieratá

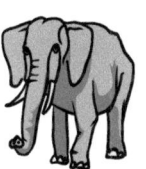

فيل

slon

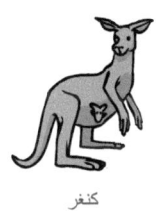

كنغر

klokan

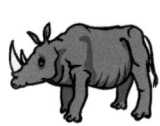

وحيد القرن

nosorožec

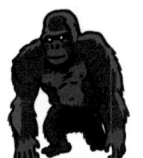

غوريلا

gorila

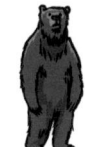

دب

medveď

جمل

ťava

نعامة

pštros

أسد

lev

قرد

opica

طائر فلامينغو

plameniak

ببغاء

papagáj

دب قطبي

ľadový medveď

بطريق

tučniak

سمك القرش

žralok

طاووس

páv

أفعى

had

تمساح

krokodíl

حارس في حديقة الحيوان

ošetrovateľ v ZOO

عجل البحر

tuleň

نمر أمريكي مرقط

jaguár

فرس قزم

poník

نمر

leopard

فرس النهر

hroch

زرافة

žirafa

نَسر

orol

خنزير برّي

diviak

سمك

ryba

سلحفاة

korytnačka

حيوان فظ البحري

mrož

ثعلب

líška

غزال

gazela

كرة القدم الأمريكية
americký futbal

ركوب الدراجات
cyklistika

كرة التنس
tenis

كرة السلة
basketbal

السباحة
plávanie

الملاكمة
box

هوكي الجليد
hokej

كرة القدم
futbal

الريشة الطائرة
bedminton

ألعاب القوى الخفيفة
ľahká atletika

كرة اليد
hádzaná

التزلج على الثلج
lyžovanie

بولو
pólo

نشاطات
aktivity

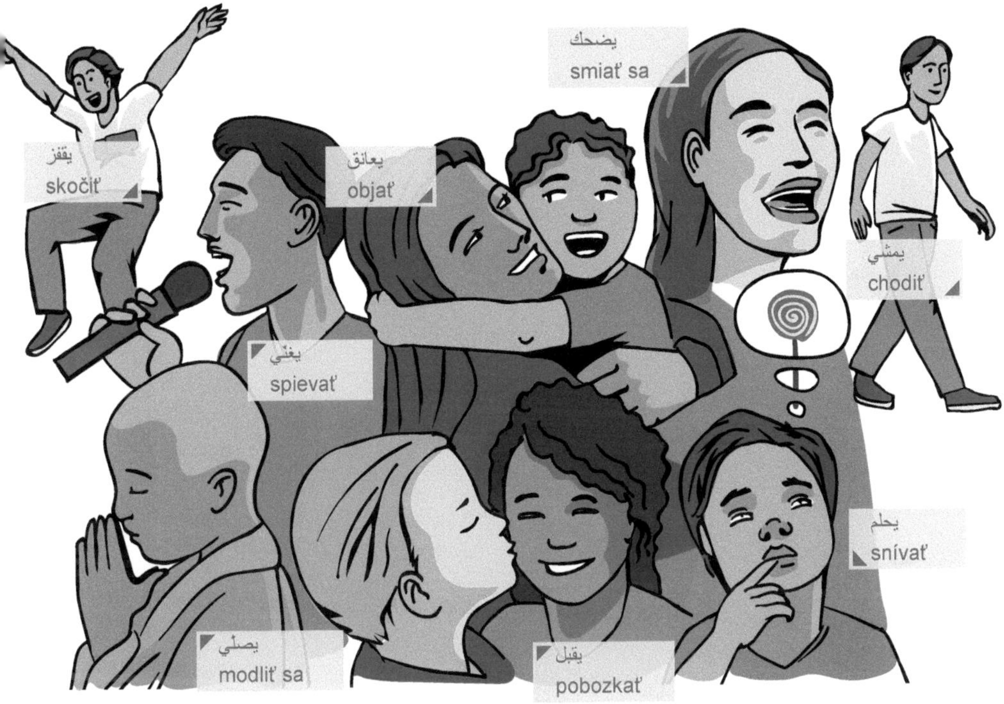
يضحك
smiať sa
يقفز
skočiť
يعانق
objať
يمشي
chodiť
يغنّي
spievať
يحلم
snívať
يصلّي
modliť sa
يقبل
pobozkať

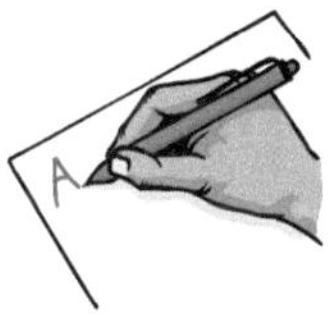

يكتب
....
písať

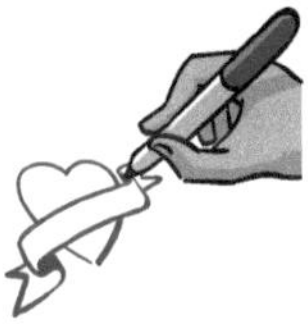

يرسم
....
kresliť

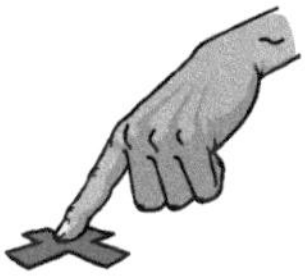

يُري
....
ukázať

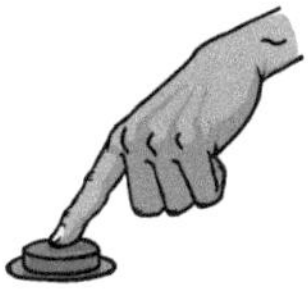

يدفع
....
tlačiť

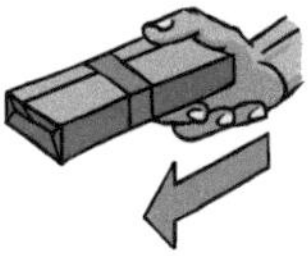

يعطي
....
dať

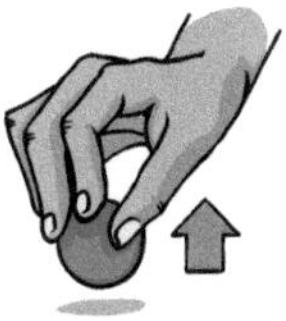

يأخذ
....
brať

يملك
....
mať

يعمل
....
robiť

يوجد
....
byť

يقف
....
stáť

يركض
....
bežať

يسحب
....
ťahať

يرمي
....
hádzať

يقع
....
padnúť

يستلقي
....
ležať

ينتظر
....
čakať

يحمل
....
nosiť

يجلس
....
sedieť

يلبس
....
obliecť sa

ينام
....
spať

يستيقظ
....
zobudiť sa

ينظر إلى ..

pozerať

يبكي

plakať

يمسّد

hladkať

يمشّط

česať

يتكلّم

hovoriť

يفهم

rozumieť

يسأل

pýtať sa

يسمع

počuť

يشرب

piť

يأكل

jesť

يرتّب

upratať

يحب

milovať

يطبخ

variť

يقود

jazdiť

يطيّر

letieť

نشاطات - aktivity

يبحر بزورق شراعي

plachtiť

يحسب

počítať

يقرأ

čítať

يتعلم

učiť sa

يعمل

pracovať

يتزوج

oženiť

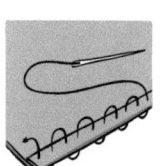

يخيط

šiť

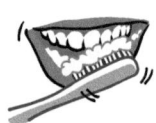

ينظف أسنانه

čistiť zuby

يقتل

zabiť

يدخّن

fajčiť

يرسل

poslať

عائلة

rodina

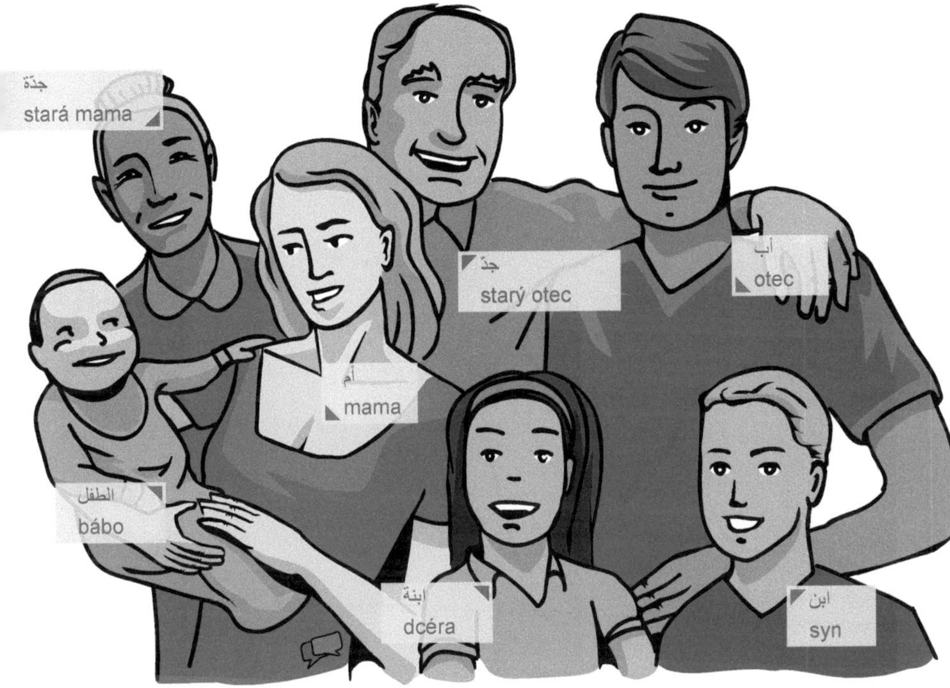

جدّة
stará mama
جدّ
starý otec
أب
otec
أم
mama
الطفل
bábo
ابنة
dcéra
ابن
syn

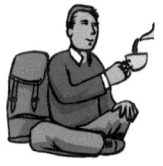

ضيف
....
hosť

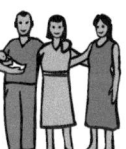

عمّة / خالة
....
teta

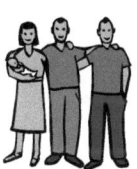

عمّ / خال
....
strýko

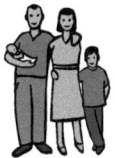

أخ
....
brat

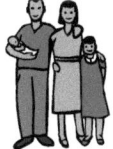

أخت
....
sestra

الجسم

telo

الجبين
čelo
العين
oko
الكتف
plece
الإصبع
prst
الوجه
tvár
الذقن
brada
اليد
ruka
الساق
noha
الصدر
hruď
الذراع
rameno

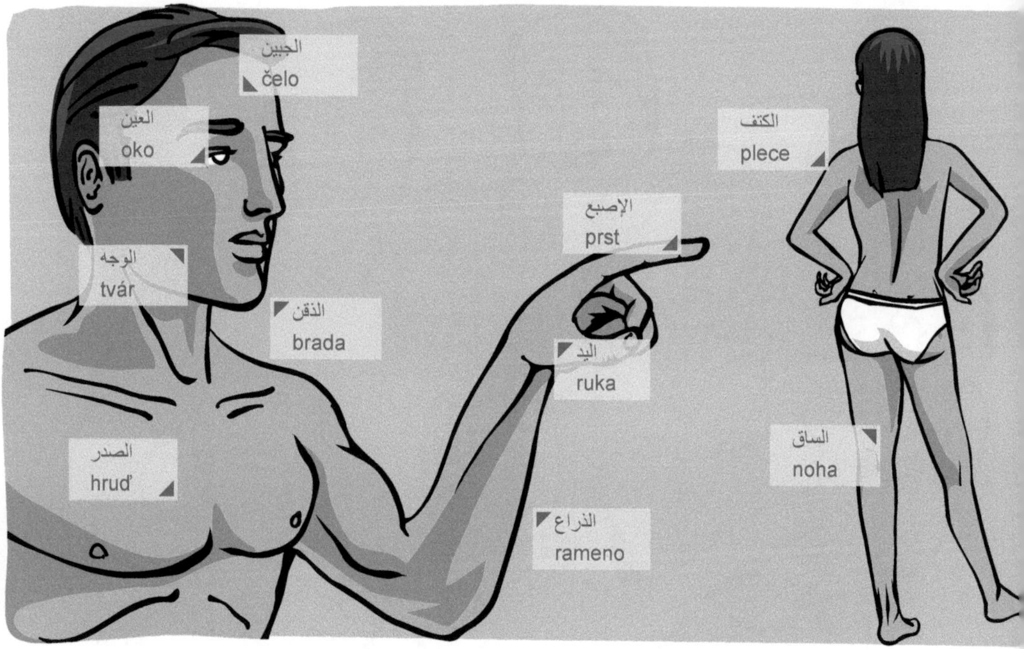

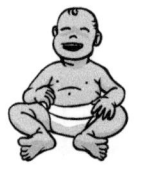

الطفل

bábo

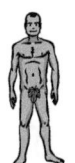

الرجل

muž

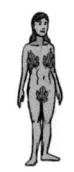

المرأة

žena

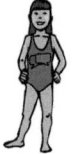

البنت

dievča

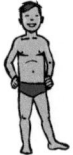

الولد

chlapec

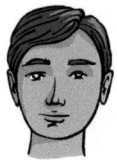

الرأس

hlava

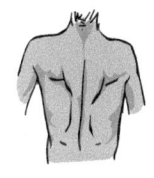

الظهر
....
chrbát

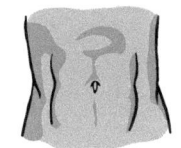

البطن
....
brucho

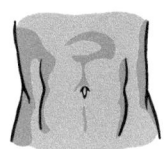

السرّة
....
pupok

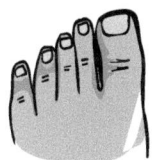

إصبع القدم
....
prst na nohe

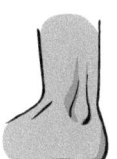

الكعب
....
päta

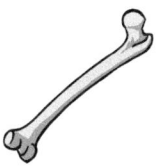

العظم
....
kosť

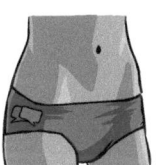

الورك
....
bok

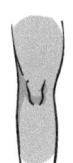

الركبة
....
koleno

المرفق
....
lakeť

الأنف
....
nos

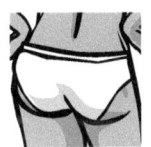

العَجُز
....
zadok

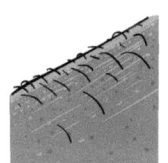

البشرة
....
koža

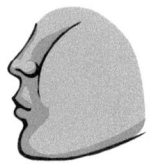

الخد
....
líce

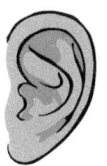

الأذن
....
ucho

الشّفة
....
pery

الفم

ústa

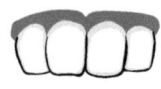

السن

zub

اللسان

jazyk

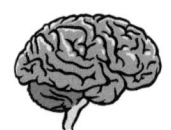

الدماغ

mozog

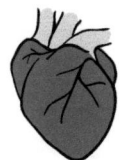

القلب

srdce

العضلة

svaly

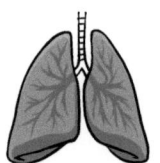

الرئة

pľúca

الكبد

pečeň

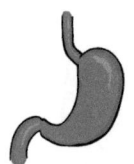

المعدة

žalúdok

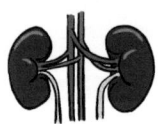

الكِلى

obličky

الاتصال الجنسي

pohlavný styk

الواقي المطاطي

kondóm

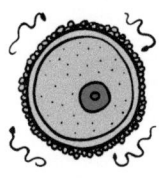

البويضة

vaječná bunka

المنيّ

semeno

الحمل

tehotenstvo

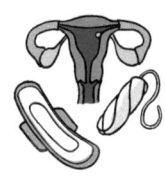

الحيض

menštruácia

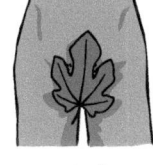

المهبل

vagína

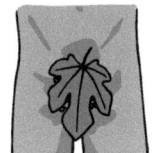

القضيب

penis

الحاجب

obočie

الشعر

vlasy

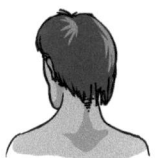

الرقبة

krk

المستشفى

nemocnica

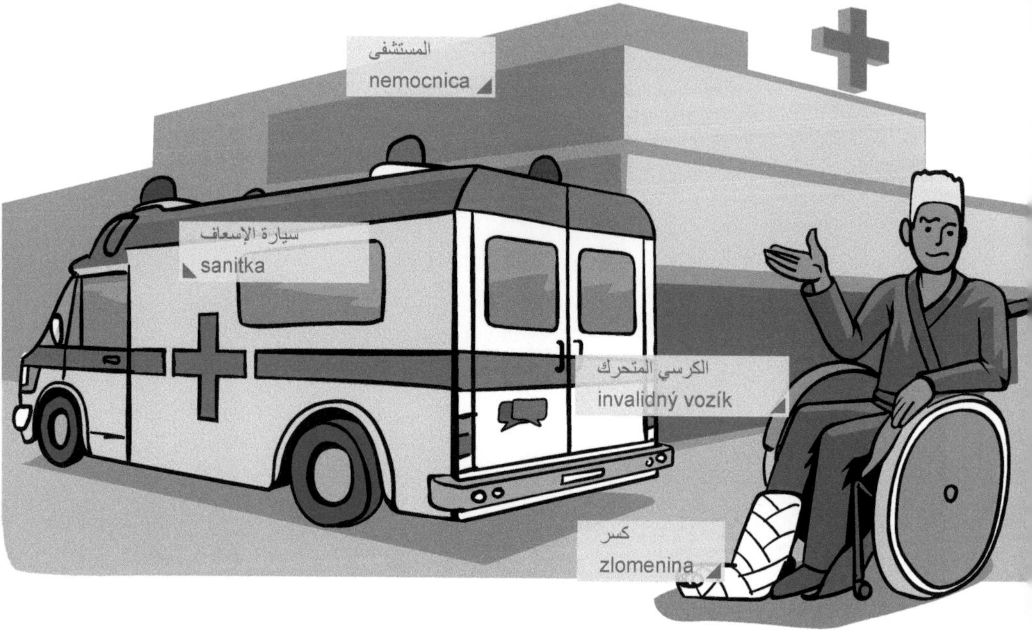

المستشفى
nemocnica
سيارة الإسعاف
sanitka
الكرسي المتحرك
invalidný vozík
كسر
zlomenina

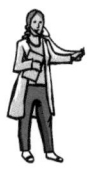

الطبيب

lekár

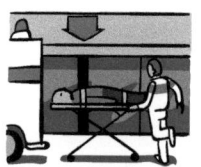

غرفة الإسعاف

urgentný príjem

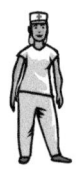

الممرضة

sestrička

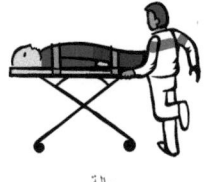

حالة

urgentný prípad

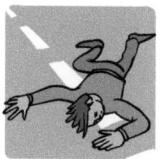

مغمى عليه

v bezvedomí

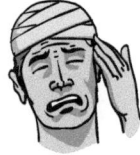

الألم

bolesť

إصابة

zranenie

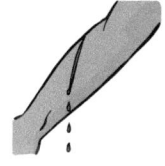

النزيف

krvácanie

احتشاء القلب

srdcový infarkt

جلطة

mozgová porážka

حسسية

alergia

السعال

kašeľ

الحُمّى

teplota

إنفلونزا

chrípka

الإسهال

hnačka

وجع الرأس

bolesť hlavy

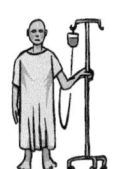

السرطان

rakovina

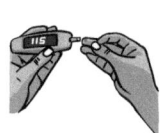

مرض السكر

cukrovka

جرّاح

chirurg

مبضع

skalpel

عملية

operácia

سيتي سكان

CT

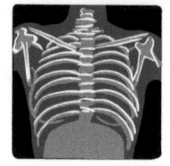

الأشعة السينية

RTG

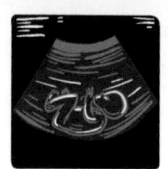

فوق الصوتي

ultrazvuk

القناع

maska

المرض

choroba

غرفة الانتظار

čakáreň

العُكاز

barla

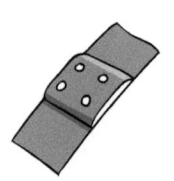

شريط لاصق

náplasť

ضماد

obväz

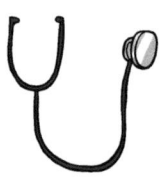

حقنة

injekcia

سمّاعة الطبيب

fonendoskop

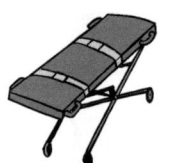

نقالة

nosidlá

ميزان حرارة

teplomer

ولادة

pôrod

وزن زائد

nadváha

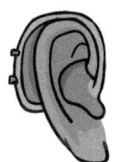

جهاز السمع

audiofón

المواد المعقّمة

dezinfekčný prostriedok

عدوى

infekcia

فيروس

vírus

الإيدز

HIV / AIDS

الطب

medicína

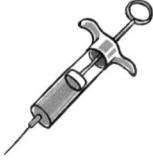

اللقاح

očkovanie

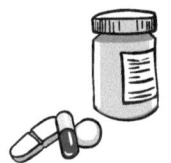

أقراص الدواء

tabletky

حبّة الدواء

antikoncepčná pilulka

نداء النجدة

tiesňové volanie

مقياس ضغط الدم

tlakomer

مريض / صحيح

chorý / zdravý

النجدة!

Pomoc!

إنذار

alarm

اعتداء

prepad

هجوم

útok

خطر

nebezpečenstvo

مخرج طوارئ

núdzový východ

حريق!

Horí!

جهاز الإطفاء

hasičský prístroj

حادث

nehoda

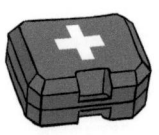

حقيبة الإسعاف الأولي

kufrík prvej pomoci

أنقذونا

SOS

الشرطة

polícia

أوروبا

Európa

أمريكا الشمالية

Severná Amerika

أمريكا الجنوبية

Južná Amerika

أفريقيا

Afrika

آسيا

Ázia

أستراليا

Austrália

المحيط الأطلسي

Atlantický oceán

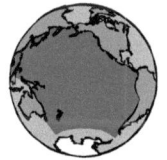

المحيط الهادي

Tichý oceán

المحيط الهندي

Indický oceán

المحيط المتجمد الجنوبي

Južný oceán

المحيط المتجمد الشمالي

Severný ľadový oceán

القطب الشمالي

Severný pól

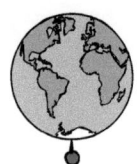

القطب الجنوبي

Južný pól

منطقة القطب الجنوبي

Antarktída

أرض

Zem

بر

krajina

بحر

more

جزيرة

ostrov

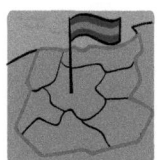

أمة

národ

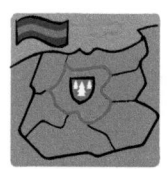

دولة

štát

ميناء الساعة

ciferník

عقرب الساعات

hodinová ručička

عقرب الدقائق

minútová ručička

عقرب الثواني

sekundová ručička

كم الساعة الآن؟

Koľko je hodín?

يوم

deň

زمن

čas

الآن

teraz

ساعة رقمية

digitálne hodiny

دقيقة

minúta

ساعة

hodina

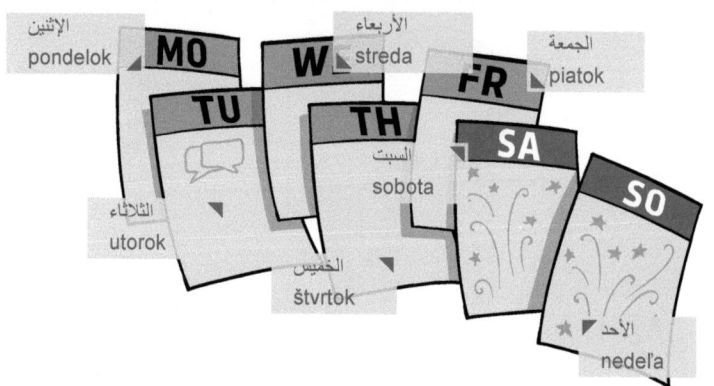

الإثنين
pondelok

MO

الأربعاء
streda

الجمعة
piatok

TU

W

TH

FR

SA

SO

الثلاثاء
utorok

السبت
sobota

الخميس
štvrtok

الأحد
nedeľa

الأمس
....
včera

اليوم
....
dnes

غداً
....
zajtra

الصباح
....
ráno

الظهر
....
poludnie

المساء
....
večer

MO	TU	WE	TH	FR	SA	SU
1	2	3	4	5	6	7
8	9	10	11	12	13	14
15	16	17	18	19	20	21
22	23	24	25	26	27	28
29	30	31	1	2	3	4

أيام العمل
....
pracovné dni

MO	TU	WE	TH	FR	SA	SU
1	2	3	4	5	6	7
8	9	10	11	12	13	14
15	16	17	18	19	20	21
22	23	24	25	26	27	28
29	30	31	1	2	3	4

نهاية الأسبوع
....
víkend

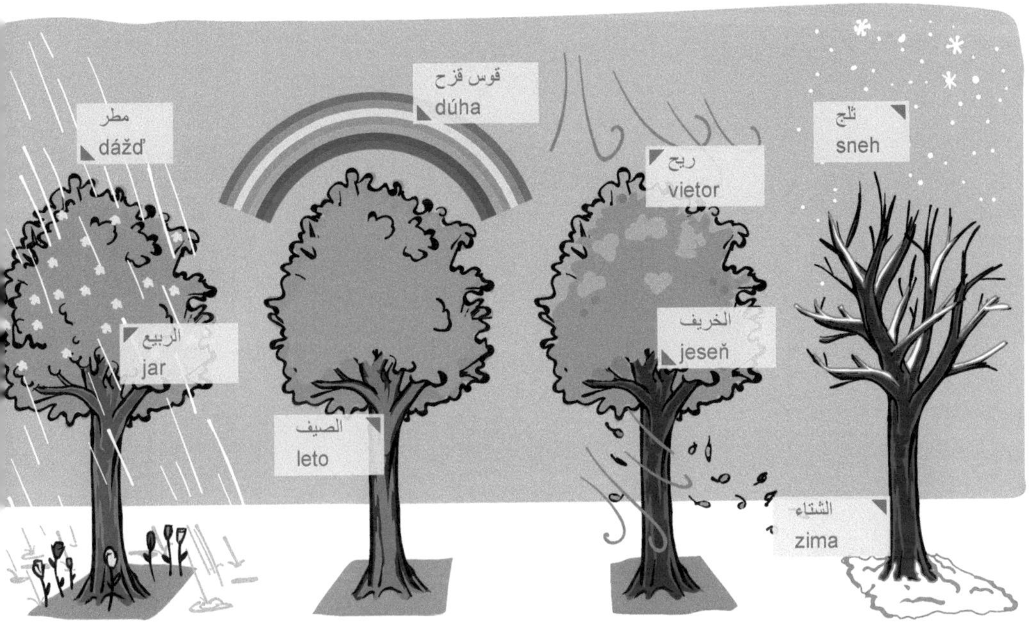

مطر
dážď
قوس قزح
dúha
ريح
vietor
ثلج
sneh
الربيع
jar
الصيف
leto
الخريف
jeseň
الشتاء
zima

4.APRIL 11°
5.APRIL 4°
6.APRIL 13°
7.APRIL 8°
8.APRIL 10°

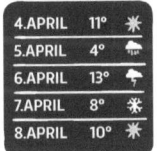

التنبؤ بالحالة الجوية
....
predpoveď počasia

F
C
120
90
60
30
0
-30
40
30
20
10
0
-10
-20

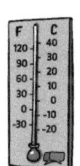

مقياس حرارة
....
teplomer

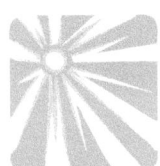

ضوء الشمس
....
slnečný svit

سحابة
....
oblak

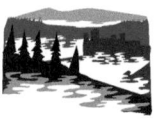

ضباب
....
hmla

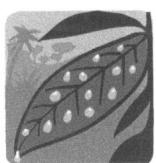

رطوبة الجو
....
vlhkosť vzduchu

برق
....
blesk

رعد
....
hrom

عاصفة
....
búrka

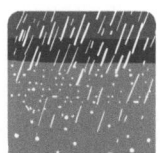

بَرَد
....
krúpy

ريح موسمية
....
monzún

طوفان
....
záplava

جليد
....
ľad

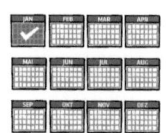

كانون الثاني / يناير
....
január

شباط / فبراير
....
február

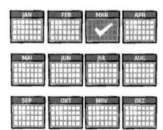

آذار / مارس
....
marec

نيسان / أبريل
....
apríl

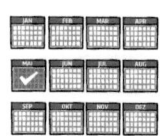

أيار / مايو
....
máj

حزيران / يونيو
....
jún

تموز / يوليو
....
júl

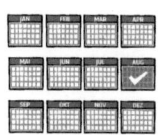

آب / أغسطس
....
august

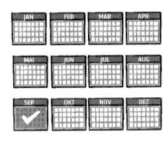

أيلول / سبتمبر
....
september

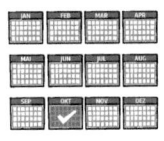

تشرين الأول / أكتوبر
....
október

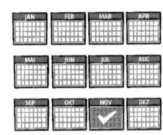

تشرين الثاني / نوفمبر
....
november

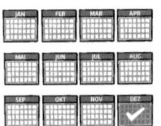

كانون الأول / ديسمبر
....
december

دائرة
....
kruh

مربّع
....
štvorec

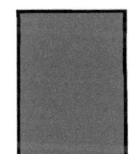

مستطيل
....
obdĺžnik

مثلّث
....
trojuholník

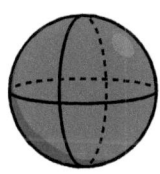

كرة
....
guľa

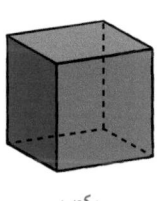

مكعب
....
kocka

أبيض

biela

أصفر

žltá

برتقالي

oranžová

وردي

ružová

أحمر

červená

بنفسجي

fialová

أزرق

modrá

أخضر

zelená

بنّي

hnedá

رمادي

šedá

أسود

čierna

كثير / قليل

veľa / málo

غضبان / هادئ

zúrivý / pokojný

جميل / قبيح

pekný / škaredý

بداية / نهاية

začiatok / koniec

كبير / صغير

veľký / malý

فاتح / قاتم

svetlý / tmavý

أخ / أخت

brat / sestra

نظيف / وسخ

čistý / špinavý

كامل / ناقص

úplný / neúplný

نهار / ليل

deň / noc

ميّت / حيّ

mŕtvy / živý

عريض / ضيّق

široký / úzky

صالح للأكل / غير صالح

chutný / nechutný

شرّير / لطيف

zlostný / láskavý

مثير / ممل

vzrušený / unudený

سمين / نحيف

tlstý / chudý

أولاً / أخيراً ·

prvý / posledný ·

صديق / عدو

priateľ / nepriateľ

مليء / فارغ

plný / prázdny

صلب / لين

tvrdý / mäkký

ثقيل / خفيف

ťažký / ľahký

جوع / عطش

hlad / smäd

مريض / صحيح

chorý / zdravý

غير شرعي / شرعي

nelegálny / legálny

ذكي / غبي

inteligentný / hlúpy

يسار / يمين

vľavo / vpravo

قريب / بعيد

blízko / ďaleko

الأضداد - protiklady

جديد / مستعمل

nový / použitý

لا شيء / بعض الشيء

nič / niečo

مسن / شاب

starý / mladý

يشعل / يطفئ

zapnuté / vypnuté

مفتوح / مغلق

otvorené / zatvorené

خافت / عالٍ

tichý / hlasný

غني / فقير

bohatý / chudobný

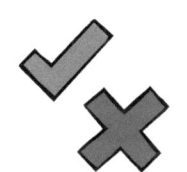

صح / خطأ

správne / nesprávne

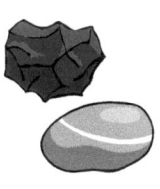

أحرش / املس

drsný / hladký

حزين / سعيد

smutný / šťastný

قصير / طويل

krátky / dlhý

بطيء / سريع

pomaly / rýchlo

مبلول / جاف

mokrý / suchý

ساخن / بارد

teplý / studený

حرب / سلم

vojna / mier

0

صفر
....
nula

1

واحد
....
jeden

2

اثنان
....
dva

3

ثلاثة
....
tri

4

أربعة
....
štyri

5

خمسة
....
päť

6

ستة
....
šesť

7

سبعة
....
sedem

8

ثمانية
....
osem

9

تسعة
....
deväť

10

عشرة
....
desať

11

أحد عشر
....
jedenásť

12

اثنا عشر

dvanásť

13

ثلاثة عشر

trinásť

14

أربعة عشر

štrnásť

15

خمسة عشر

pätnásť

16

ستة عشر

šestnásť

17

سبعة عشر

sedemnásť

18

ثمانية عشر

osemnásť

19

تسعة عشر

devätnásť

20

عشرون

dvadsať

100

مائة

sto

1.000

ألف

tisíc

1.000.000

مليون

milión

jazyky

الإنكليزية

angličtina

الإنكليزية الأمريكية

americká angličtina

لغة ماندارين الصينية

mandarínska čínština

الهندية

hindčina

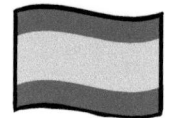

الإسبانية

španielčina

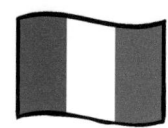

الفرنسية

francúzština

العربية

arabčina

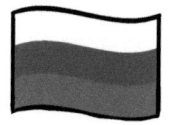

الروسية

ruština

البرتغالية

portugalčina

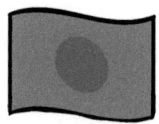

البنغالية

bengálčina

الألمانية

nemčina

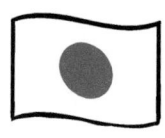

اليابانية

japončina

أنا

ja

أنت

ty

هو / هي

on/ona/ono

نحن

my

أنتم

vy

هم

oni

من؟

kto?

ماذا؟

čo?

كيف؟

ako?

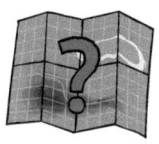

أين؟

kde?

متى؟

kedy?

اسم

meno

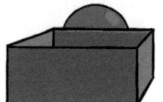

خلف
....
za

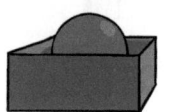

في
....
v

أمام
....
pred

فوق
....
nad

على
....
na

تحت
....
pod

جنب
....
vedľa

بين
....
medzi

مكان
....
miesto